Voorbij voorwaardelijke liefde

Mathijs Koenraadt

Voorbij voorwaardelijke liefde

Inzichten over de oorzaken en gevolgen
van nadelige jeugdervaringen

Voor alle ongeliefde kinderen
en voor allen die er ooit één waren

Vandaag de dag geniet het instituut "ouders" nog steeds absolute immuniteit. Zal zich dat op een dag veranderen [...] dan zullen we in staat zijn om te voelen wat de mishandelingen door onze ouders ons hebben aangedaan. Dan zullen we de signalen van ons lichaam beter begrijpen en in vrede met hem leven, niet als geliefde kinderen die we nooit waren en nooit kunnen worden, maar als open, bewuste en misschien liefhebbende volwassenen die hun verleden niet meer hoeven te vrezen, omdat ze hem kennen.

—Alice Miller
De opstand van het lichaam[i]

---

i. Alice Miller, *Die Revolte des Körpers* (Frankfurt am Main: Suhrkamp Verlag, 2005), 201.

Inhoud

Voorwoord   xi

Inleiding   1
1 Het verdrongen verleden   19
2 Emotionele eerlijkheid   27
3 Twee werelden knallen op elkaar   33
4 De boodschap van geweld   39
5 De pijn van voorwaardelijke liefde   51
6 Het donker op de bodem van de ziel   63
7 Hel op aarde   69
8 Gevecht tegen een vals zelfbeeld   87
9 Lessen voor de samenleving   97

Appendix   109
Noten   113
Aanbevolen literatuur   129

Voorwoord

Wie een boek schrijft over de oorzaken, gevolgen, gewaarwording en genezing van mishandelingen uit de jeugd, loopt het risico om zijn lezers te benadelen met adviezen die meer kwaad dan goed doen. Daarom vertel ik in dit voorwoord iets over wat het boek te bieden heeft, hoe het tot stand kwam en wat het maatschappelijk belang ervan is, zodat de lezer weet wat hij kan verwachten.

Voorbij voorwaardelijke liefde beschrijft hoe als kind getraumatiseerde mensen de pijnlijkste herinneringen aan hun verleden kunnen omarmen om ervan te leren; hoe ze de rol van hun ouders in die herinneringen kunnen begrijpen als oorzaak van hun negatieve zelfbeeld; hoe mishandelde kinderen en tieners lijden onder de dreiging van lichamelijke, maar vooral emotionele mishandelingen; en hoe nadelige jeugdervaringen tot depressie en gedachten aan zelfmoord kunnen aanzetten. Andere thema's gaan over het ontstaan van haat en geweld in de wereld, hoe mensen zich van hun vroegste trauma's gewaar kunnen worden en tot slot hoe we kunnen genezen.

Mijn eigen biografie vormt weliswaar de leidraad, maar ik heb het boek aangekleed met wetenschappelijke achtergronden, historische verbanden en filosofische inzichten. Daarnaast onderzocht ik de biografieën van enkele mensen bij wie ik een mishandelde jeugd vermoedde, waaronder Anders Breivik, de massamoordenaar van Utøya; Eric Harris, de helft van het duo dat een aanslag op Columbine High School pleegde; en Christopher McCandless, de 24-jarige man die in de wildernis van Alaska verdween.

'Chris' McCandless schreef voor zijn verdwijning in een brief aan zijn jongere zus Carine wat hij over hun ouders had ontdekt:

> "Ik weet niet waarom het zo is, maar onze ouders hebben tweezijdige, gespleten persoonlijkheden, en om een of andere reden hebben ze [precies de slechtste kant van henzelf] uitsluitend voor jou en mij alleen bewaard. Jij bent de enige met wie ik ooit echt over dit onderwerp kon communiceren, omdat je net als ik die andere kant hebt gezien en het trauma, de frustratie, en de pijn hebt ervaren van het ondergeschikt moeten worden gemaakt aan zulke onderdrukkende persoonlijkheden voor zoveel jaren van onze levens. De gebeurtenissen die we moesten ondergaan zijn zo absurd buiten proportie dat het zinloos is om ze aan iemand te proberen uitleggen, want ze zullen je nooit geloven. Ze zullen denken dat je een of andere *freak* bent, een of andere buitensporige leugenaar en overdrijver. Ze [zullen] denken dat je de normale conflicten die alle tieners en hun ouders doorstaan eenvoudigweg niet aankon."[1]

Chris verwoordde wat veel mensen voelen die hulp zoeken voor de gevolgen van mishandelingen waar ze als kind slachtoffer van werden, bedoeld of onbedoeld. Vaak worden ze niet geloofd of gehoord. Weinig mensen laten de buitenwereld daardoor iets van hun verborgen pijn merken. Slachtoffers van kindermishandeling leren al vroeg dat de maatschappij niet openstaat voor kritiek op de ouders. Het 'instituut' ouders staat symbool voor een soort bestuurlijke autoriteit waaraan mensen uit alle bevolkingslagen een belangrijke sociale status ontlenen.

Die status geeft hen op het eerste gezicht het recht om de levens van hun kinderen tot in detail te beheersen, maar dat gebeurt vaak niet in het belang van het kind. Daarom argumenteer ik in dit boek voor de emancipatie van het kind en zijn rehabilitatie tot mens.

"Het slachtofferen van kinderen is nergens verboden, wat wel is verboden, is erover te schrijven."[2] Dit boek doorbreekt het taboe op praten over de rol die ouders in de mishandeling van hun eigen kinderen spelen. De beantwoording van de schuldvraag, alhoewel terecht, heelt echter geen psychische wonden. *Voorbij voorwaardelijke liefde* is daarom geen aanklacht tegen mishandelende ouders, maar een oproep aan slachtoffers van kindermishandeling om voor zichzelf op te staan.

Hoe het boek tot stand kwam

Gevoelsmatig groeide ik op als soldaat voor een oorlog die nooit kwam. Het beeld dat ik als kind van mezelf en van de wereld had, klopte niet, maar hoe moest ik daar als volwassene bewust van worden wanneer alle leugens en alle waarheden die ik kende de weg naar mijn ware zelf blokkeerden? Ik had een vermoeden. Op 13 juni 2003, op 22-jarige leeftijd, schreef ik in een computerdagboek:

WAARHEID GEVONDEN, ALLES BLIJKT ZINLOOS, WAT NU? DE WAARHEID WEER VERGETEN.

De waarheid die ik had gevonden, was het verband tussen het gebrek aan richting in mijn leven en de ware oorzaken ervan die in mijn jeugd moesten liggen. Ik schreef verder dat ik me "psychologisch kapot" voelde, maar de waarheid dat ik als kind slachtoffer van grove psychologische mishandelingen was geworden, kon of wilde ik op deze leeftijd niet bewust verdragen, dus vergat ik haar noodgedwongen weer. Het zou nog jaren duren voordat ik een tweede poging ondernam om de confrontatie met het verleden aan te gaan.

Mijn geestelijke blokkades leidden enkele weken na mijn 28ste verjaardag tot een emotionele inzinking. Op een avond staarde ik doelloos voor me uit in mijn appartement in München, de Zuid-Duitse stad waar ik na een onderzoeksstage was blijven wonen. Alsof ik een onbekende dreiging van me af moest slaan, balde ik mijn vuisten. Met trillingen in mijn lichaam vond ik de moed om mezelf hardop af te vragen of ik toch ook een goed mens was? Verdiende ook ik het niet om geliefd te zijn? Ik beantwoordde mijn vragen bevestigend, maar waarom overheerste dan met een overweldigende kracht het gevoel dat ik van geboorte slecht was en dat ik geen liefde verdiende?

Zeven jaar voor de voltooiing van dit boek begon ik de eerste onsamenhangende gedachten over wat me dwars zat op papier te zetten. Schimmen van herinneringen uit het verleden boden zich voor het eerst sinds lange tijd weer aan. Wat ik opschreef, werd het begin van een zoektocht naar de oorzaken en gevolgen van een mishandelde jeugd. De grote inzichten die ik door de jaren heen verzamelde, vormen de aparte hoofdstukken van dit boek.

$\star$ $\star$ $\star$

Achter in het boek staan meer dan driehonderd eindnoten. Dat zijn uitsluitend bronverwijzingen, want alles wat ik de lezer wil meegeven, staat al in de tekst.

Mathijs Koenraadt, Amsterdam, 2 april 2015

Inleiding

> We moeten onszelf en de wanhopige mensen leren
> dat het eigenlijk nooit ofte nimmer erop aankomt
> wat wij van het leven nog te verwachten hebben,
> veeleer slechts daarop: wat het leven van ons ver-
> wacht!
>
> —Viktor Frankl
> *...desondanks ja tegen het leven zeggen*[1]

Dagelijks zien we op het journaal brandhaarden van geweld in de wereld. We staan machteloos tegenover oorlog, maar volgens psychoanalytica Alice Miller zijn de wortels van het kwaad niet onbekend. Mensen leren haat en geweld alleen aan anderen doorgeven wanneer ze die zaken eerst zelf als slachtoffer hebben ervaren, in het bijzonder als kind. Mishandelde kinderen leren dat ze hun ware gevoelens van boosheid en pijn moeten onderdrukken, omdat ze de liefde van hun ouders niet mogen verliezen. Ze verdringen vervolgens de herinneringen aan die pijn uit hun geheugen, maar dat betekent niet dat die pijn geneest of verdwijnt.

Veel mensen zullen later in een zogeheten herhalingsdrang alsnog een uitweg voor die eerder verdrongen pijn zoeken. Wanneer als kind mishandelde mensen in hun levens niemand vinden die hen helpt om het trauma te verwerken, die hen communiceert dat ze intrinsiek waardevolle mensen zijn, dan leidt de herhalingsdrang in veel gevallen tot de verwoesting van zichzelf of anderen. We kunnen de cyclus van geweld doorbreken door getraumatiseerde mensen te leren dat ze het onschuldige kind dat ze vroeger waren in bescherming mogen nemen tegen de ooit mishandelende ouders.

Sigmund Freud of Alice Miller?

Na de Tweede Wereldoorlog verhuisde Alice Miller naar Zwitserland. Ze behaalde in Basel drie doctortitels, in de psychologie, filosofie en sociologie. Voordat ze zich toelegde op het schrijven, werkte ze in Zürich twintig jaar als psychotherapeute. Tijdens haar carrière ontwikkelde ze haar eigen psychoanalytische theorieën over de oorzaken en gevolgen van mishandelingen uit de jeugd. In haar eerst boek, *Het drama van het begaafde kind*, brak ze met de leer van Sigmund Freud, de grondlegger van de moderne psychoanalyse.[2] Als gevolg van haar breuk zegde ze in 1988 haar lidmaatschap van de Internationale Psychoanalytische Associatie op, omdat ze de sterk op Freuds leer geschoeide psychoanalyse onverenigbaar achtte met haar eigen inzichten.

De theorieën van Sigmund Freud vormen nog steeds een belangrijke basis voor de psychotherapie. Ze beschuldigen kinderen ervan mishandelingen door hun eigen ouders zelf te hebben uitgelokt. Freud stelt dat kinderen met kwade driften worden geboren die ouders alleen door 'opvoeding' kunnen uitbannen. In zijn boek *De aanval op de waarheid* doet psychoanalyticus Jeffrey Masson echter uit de doeken dat Freud aan het begin van zijn carrière het wel degelijk voor als kind getraumatiseerde volwassenen opnam. Op basis van originele brieven bewijst Masson dat Freud zijn ongelukkig naamgegeven 'verleidingstheorie' (de verleiding door de ouder), namelijk dat volwassenen psychisch aan vroege jeugdtrauma's kunnen lijden, pas later in zijn carrière verwierp.

Als gevolg van zijn draai zouden Freuds aanhangers getraumatiseerde vrouwen van fantasie en uitlokking beschuldigen wanneer zij zich vroeg seksueel misbruik meenden te herinneren. Veel psychoanalytische studies onderwijzen ook vandaag nog dat een herinnering van een vrouw aan seksueel geweld in de kindertijd "een leugen, zelfbedrog, een waandenkbeeld, een valse herinnering of een fantasie" zou zijn, echter "het ene ding dat het *niet* kon zijn, was een authentieke herinnering."[3] We zien de gevolgen van zulke doctrines terug in de publieke opinie, die bijvoorbeeld verkrachtte vrouwen ervan beschuldigt dat ze hun ellende met 'sletterig gedrag' of 'hoerige kleding' zouden hebben uitgelokt. Hele religies houden deze vrouwenonderdrukking in stand.[4]

Wat dreef Freud ertoe om zijn oorspronkelijke theorie te verwerpen? Volgens Masson hing Freuds motivatie samen met de sociaalmaatschappelijke positie van de therapeut. Therapeuten behandelen mensen uit alle lagen van de bevolking, maar in het belang van hun eigen positie kiezen ze wellicht liever de zijde van de "succesvollen en de machtigen, dan van de ellendige slachtoffers van familiegeweld."[5] Met deze houding maakt de psychoanalytische wetenschap het lot van door vroege mishandelingen getraumatiseerde mensen ondergeschikt aan de belangen van machtige ouderfiguren:

"Freud had een belangrijke waarheid verworpen: het seksuele, lichamelijke en emotionele geweld dat een reëel en tragisch onderdeel is van de levens van vele kinderen. [...] vele (waarschijnlijk de meeste) van hun patiënten [hadden] een gewelddadige en ongelukkige jeugd, niet vanwege een of ander gebrek in hun karakter, maar vanwege iets verschrikkelijks dat ze was aangedaan door hun ouders."[6]

Alice Miller omarmt daarentegen Freuds oorspronkelijke theorie die het voor slachtoffers van vroege mishandelingen opneemt, maar ze was niet de enige. In de jaren zeventig en tachtig van de vorige eeuw verschenen voorlopers, eensgezinde tijdgenoten en medestanders van Miller op het toneel die ik tezamen de niet-pedagogische beweging noem.[7] Wat hen verbindt, is dat ze in de machtsstrijd tussen ouder en kind de zijde van de meest onschuldige partij kiezen. Zonder hulp van buitenaf blijven als kind mishandelde mensen vastzitten in een herhalingsdrang die geweld aan de volgende generatie doorgeeft:

"Als je je ouders niet mag bekritiseren, zit je sinds je jeugd met al je verdrongen gevoelens in een emotionele fuik. De enige uitweg uit deze fuik is de mishandeling van de eigen kinderen. Dan mag je weer alles doen en wordt het als tucht en opvoeding betiteld, en ook door de religie goedgepraat."[8]

De niet-pedagogische beweging

Tot de voorlopers van de niet-pedagogische beweging behoort bijvoorbeeld pedagoog en socioloog Katharina Rutschky, die in haar boek *Zwarte Pedagogie* de gelijknamige Europese opvoedmethoden uit de achttiende en negentiende eeuw bekritiseert. Opvoeding had in die eeuwen een heel ander doel dan zelfontplooiing. Met goedkeuring van religie, overheid en maatschappij gebruikten ouders geweld en intimidatie tegen kinderen om hun zintuigen en lichamen al naar gelang het heersende wereldbeeld voor het latere leven te harden.[9]

De industriële samenlevingen uit die tijd vroegen burgers om onvoorwaardelijke gehoorzaamheid en loyaliteit aan de eigenaarsklasse. Om dezelfde reden onderwierpen ouders uit de arbeidersklasse hun kinderen aan absolute regels zonder ruimte voor uitleg of onderhandeling. Kinderen werden niet beloond voor autonomie en samenwerking, maar kregen straf voor het tonen van individualiteit.[10] De tijdsgeest beschouwde kinderen niet als mensen, maar als programmeerbare apparaten:

"Deze eerste jaren hebben onder andere ook het voordeel dat men er geweld en dwang kan gebruiken. De kinderen verge-ten met de jaren alles wat hen in de vroege kindheid is aan-gedaan. Ontneemt men de kinderen hun wil, dan kunnen ze zich er daarna niets meer van herinneren dat ze ooit een wil hebben gehad."[11]

Moderne ouders die hun huilende baby niet met aandacht willen "verwennen", voeren nog steeds de principes van de zwar-te pedagogie uit.

Een andere voorloper, of eerder ervaringsdeskundige, is le-raar Norm Lee, die begin twintigste eeuw als kind en tiener een persoonlijke "Holocaust" overleefde, een aangrijpend verhaal over verlating door zijn tienermoeder, verstoting door zijn va-der, sadistische martelingen door een kinderhaatster en jaren van onbetaalde dwangarbeid. Als gevolg van zijn traumatische ervaringen geloofde Lee lang in zijn eigen minderwaardigheid, maar hij doorbrak op zijn 25[ste] de cyclus van geweld toen een lerarenopleidingsinstructeur hem erop wees dat kinderen echt geen honden zijn, maar mensen. Hij schrok van zichzelf en ont-wikkelde later, samen met zijn eigen kinderen, het concept *Op-voeden zonder straf.*[12]

Tijdgenoten van Miller waren bijvoorbeeld Amerikaans psychiater Eric Berne, die geloofde dat alle psychische proble-men een sociale oorzaak hebben die onlosmakelijk is verbonden met de kindertijd.[13] Nederlands kinderboekenschrijver Guus Kuijer zegt: "Kinderen moeten nog steeds iets. Ze worden nog steeds onderdrukt en daarvan zullen we binnenkort de rekening gepresenteerd krijgen."[14]

De inzichten van de niet-pedagogische beweging werden wel gehoord, maar ze werden geen gemeengoed. De revolutie die mensen van hun getraumatiseerde verledens zou bevrijden, bleef uit.

Vergiffenis of verwerking?

Omdat als kind mishandelde volwassenen de onderdrukte gevoelens en verdrongen herinneringen uit hun jeugd niet kunnen verwerken zonder de ouders van slecht ouderschap te beschuldigen, hullen ze uit respect voor diezelfde ouders hun lijden ook in volwassenheid in stilzwijgen. De meeste mensen kunnen zich na jaren van verdringing niets meer van de ware oorzaken van hun pijn herinneren. Pas in de onbewuste herhaling van hun trauma vinden ze een uitlaatklep. Ouders die als kind zelf werden geslagen, zijn er bijvoorbeeld sterk van overtuigd dat ze in hun recht zouden staan wanneer ze hun eigen kinderen slaan. Ze rechtvaardigen de klappen als noodzakelijk om een goed kind op te voeden, want zo werden ze zelf immers ook opgevoed. De geslagen kinderen hebben geen andere keus dan de mishandelingen "voor hun eigen bestwil" in hun lichaam op te slaan.

Veel mensen zoeken indirect hulp voor hun getraumatiseerde jeugd, omdat ze als volwassenen aan lichamelijke of psychische klachten lijden, maar wanneer ze eenmaal over hun vroegste trauma's wensen te spreken, sturen psychotherapeutische hulpverleners hun patiënten in de regel aan op vergiffenis van de ooit mishandelende ouders. Volgens Miller denken therapeuten onterecht dat patiënten alleen door "vergeving en begrip innerlijke vrede" kunnen vinden, omdat "de therapeut onbewust de onderdrukte woede jegens zijn eigen ouders mogelijkerwijs vreest."[15] Ze verwonderde zich dat "zelfs algemeen gewaardeerde therapeuten geen afscheid konden nemen van het idee dat de ouders vergeven de kroon op een gelukte therapie is."[16]

Het valt sommige patiënten op dat ze niet de gevraagde hulp krijgen:

"Wanneer je als patiënt het psychiatrisch bedrijf binnenstapt, dan heb je een hoge kans om te worden gereduceerd tot een verstoord object of de stoornis zelf. [...] We worden onderzocht, maar niet echt gezien; we worden gehoord, maar er wordt niet echt naar ons geluisterd. De psychiatrie beschouwt ons niet als serieuze gesprekpartners: immers, met een stoornis kun je niet praten."[17]

Vergiffenis blokkeert genezing. Als de vergiffenis van het mishandelde kind aan de mishandelende ouder de gevolgen van het oorspronkelijke trauma juist verergert, moeten ouders misschien *ons* vergeven voor het feit dat we niet het perfecte kind waren waar ze op hoopten. We werden per slot van rekening voor onszelf geboren, niet voor de behoeften van een ander.

De muur van onwetendheid

We kennen allemaal iemand die als kind door zijn ouders, opvoeders of verplegers met 'opvoedkundige tikken' werd gestraft. Velen van ons waren dat kind zelf. Ondanks het taboe op praten over kindermishandeling werd een op de drie volwassenen als kind slachtoffer van lichamelijke of emotionele mishandeling.[18] Omdat we als kind voor onze overleving volledig van de ouders afhankelijk waren, konden we hen onze verontwaardiging over ruwe behandelingen niet laten merken, want we mochten de verzorging door onze ouders onder geen beding verliezen.[19] Om dezelfde reden durven mensen ook in volwassenheid hun ouders, uit respect voor alles wat ze voor ons gedaan hebben, niet te bekritiseren.

Velen van ons geloven dat de klappen die we als kind opvingen onze karakters sterker maakten, maar in werkelijkheid bouwden we onze levens op *ondanks* de klappen en niet *dankzij*. Volgens Miller doorlopen mishandelde kinderen vijf psychologische stadia, die ons overtuigen van de leugen dat we de lichamelijke en emotionele klappen "voor ons eigen bestwil" opvingen:

1. Eerst worden we als klein kind verwaarloosd of misbruikt, maar zijn we niet instaat om het emotionele geweld als zodanig te herkennen, omdat we het met liefde en aandacht verwarren.
2. In plaats van onze ware emoties over de slechte behandeling te uiten, onderdrukken we onze woede. Dan zijn we weer het goede kind of worden we beloond voor onze gehoorzaamheid.
3. We tonen de mishandelende ouders dankbaarheid voor hun "goede bedoelingen", want we kregen toch te eten en een bed om in te slapen. Ze hadden ons ook aan een boom kunnen binden!
4. Door die verwarring—*haat is liefde*—verdringen we de herinneringen aan de mishandeling en vergeten we alles.
5. Ten slotte vinden we als volwassenen een of andere uitlaatklep voor onze onverwerkte pijn, bijvoorbeeld door de eigen kinderen te mishandelen of door onszelf en anderen te vernietigen.[20]

Als gevolg van dit psychologische mechanisme laten veel volwassenen de verdrongen pijn uit de jeugd niet meer toe in hun bewustzijn. We blokkeren onze ware gevoelens met een muur van afweermechanismen, "hetzij door intellectuele afweer, hetzij door destructief gedrag op andermans kosten, hetzij door zelfvernietiging in verslaving."[21] Zo beschermen we onszelf tegen de nadelige ervaringen die we als kind niet konden verdragen, maar als gevolg daarvan lijden we als volwassenen door de zelfontkenning opnieuw aan een trauma. Voor onze overleving verdringen onze eigen hersenen de herinneringen aan zware mishandelingen die we als kind moesten doorstaan, maar daardoor kunnen we in volwassenheid de ware oorzaken voor lichamelijk en psychische klachten niet meer begrijpen.[22]

Een interviewer vroeg Alice Miller of ze een voorbeeld kon noemen van een "held die het traumatische conflict met zijn/ haar ouders succesvol overwon".[23] Daarop antwoordde ze met een tegenvraag:

"Waarom is het zo moeilijk om de waarheid te verdragen dat we in de kindertijd werden misbruikt? Waarom veroordelen we liever onszelf? Omdat de zelfbeschuldiging ons tegen de pijn beschermt. Ik denk dat de ergste pijn die we moeten ervaren om emotioneel eerlijk te worden de kennis is dat we nooit werden geliefd toen we die liefde het meest nodig hadden. Dat is gemakkelijk om te zeggen, maar het is zeer, zeer lastig om deze pijn te voelen, om de feiten te accepteren, en de verwachting op te geven dat mijn ouders op een dag zullen veranderen en toch nog van mij zullen houden. In tegenstelling tot kinderen kunnen volwassenen zich van deze illusie ontdoen—in het belang van hun gezondheid en die van hun kinderen. Mensen die hun waarheid echt willen kennen, zijn daartoe in staat. En ik denk dat deze mensen de wereld zullen veranderen. Zij zullen niet als 'helden' optreden, ze kunnen heel bescheiden mensen zijn, maar er kan geen twijfel over

bestaan dat hun emotionele eerlijkheid de muur van onwetendheid, ontkenning en geweld zal afbreken."[24]

★   ★   ★

Voor mensen die geen getuige kunnen vinden met wie ze hun
trauma's kunnen bespreken, gelooft Alice Miller dat "een infor-
matief boek ook heel goed een soort getuige kan zijn."[25] *Voorbij
voorwaardelijke liefde* is mijn getuigenis, die hopelijk anderen
van dienst kan zijn. In de eerste drie hoofdstukken leg ik uit
dat als kind getraumatiseerde mensen de muur van onwetendheid kunnen afbreken door zich voor hun verdrongen verledens
open te stellen (**Hoofdstuk 1**). Door emotionele eerlijkheid
aan onszelf (**Hoofdstuk 2**) kunnen we onze ouders leren zien
zoals ze waren en niet als het geïdealiseerde beeld dat we sinds
onze kindertijd van hen in ons meedragen (**Hoofdstuk 3**).

Wortels van het kwaad

Kindermishandeling is een bron van veel kwaad in de wereld:
"Het is onmogelijk om één persoon te vinden die niet was geslagen die een kind slaat."[26] Bij het woord kindermishandeling
denken we aan seksuele of lichamelijke mishandelingen van het
soort dat zichtbare schade achterlaat, zoals blauwe plekken of
kneuzingen. We bedienen ons van eufemistisch jargon als 'opvoedkundige tikken' om ouders die hun kinderen slaan van
kwade opzet te vrijwaren. Dagbladen schrijven over ontucht
met kinderen, terwijl ze verkrachting bedoelen. Journaals spreken van een familiedrama wanneer ouders hun jonge kinderen
in koelen bloede executeerden. Kinderen die van huis weglopen, hebben nooit een geldige reden, maar altijd een moeilijk
karakter.

Hier duikt telkens de verwarring *haat is liefde* op die het geweld van ouders jegens hun kinderen bagatelliseert. Wat is er opvoedkundig aan het mishandelen van kinderen anders dan dat het ze angst voor hun ouders en voor de wereld om hen heen inboezemt?

Miller duidt de woorden kindermishandeling en kindermisbruik:

"Vernederingen, meppen en afranselingen, klappen in het gezicht, verraad, seksuele uitbuiting, spot, verwaarlozing, enzovoorts zijn allemaal vormen van mishandeling, omdat zij de integriteit en de waardigheid van een kind verwonden, zelfs als hun gevolgen niet meteen zichtbaar zijn. Echter, als volwassenen zullen de meeste misbruikte kinderen aan deze verwondingen lijden en anderen laten lijden. Deze dynamiek van geweld kan sommige slachtoffers vervormen in beulen die wraak nemen, zelfs op hele naties, en in gewillige executeurs van dictators en wrede leiders. Geslagen kinderen assimileren al heel vroeg het geweld dat ze hebben verdragen, dat ze later als ouders mogen verheerlijken en toepassen in de overtuiging dat ze de straf verdienden en uit liefde werden geslagen. Ze weten niet dat de enige reden voor de straf die ze moesten verdragen het feit is dat hun ouders geweld zelf hebben verdragen en geleerd, zonder in staat te zijn het in twijfel te trekken."[27]

Huisartsen, leraren of kinderwelzijnswerkers kunnen zichtbare schade aan een kinderlichaam eenvoudig opmerken en aan bevoegde instanties rapporteren, of desnoods het kind zelf bescherming bieden, maar het is veel moeilijker om de gevolgen van emotioneel geweld vast te stellen. Omdat die gevolgen onzichtbaar zijn, besteedt ook de wetenschap maar mondjesmaat aandacht aan emotionele mishandeling, "de meest verborgen, minder gerapporteerde en minst bestudeerde vorm van misbruik."[28]

Ook veiligheidsdiensten respecteren als van nature de maatschappelijke ouderfiguren. De liefde die ze voor hun eigen ouders voelen, maakt ze terughoudend in de beschuldiging van andere ouders, ook wanneer die hun kinderen mogelijk mishandelen. Zelfs in moordzaken waarbij een ouder zijn eigen kind vermoordde, wordt de dood regelmatig aan zelfmoord, een ongeluk of een anonieme moordenaar toegeschreven, omdat buren, vrienden en zelfs rechters niet willen geloven dat ouders hun eigen kinderen pijn kunnen doen. De enige uitzondering is seksueel misbruik.[29]

Wie een kind mishandelt, veroorzaakt een ketting van geweld die steeds nieuwe onschuldigen tot slachtoffer maakt. "Vaak wanneer één persoon ons onrecht aandoet, richten we onze haat op een persoon of groep die er niets mee te maken heeft."[30] Niet alle mishandelde kinderen lijden later aan de gevolgen van hun mishandelingen. Er zijn voorbeelden van zwaar getraumatiseerde kinderen die in staat waren om hun trauma's te verwerken en tot goede burgers op te groeien. Wat is het verschil met kinderen die geen verwerking vinden?

Psychologe Dorothy Rowe legt in haar boek *De succesvolle zelf* uit waarom sommige kinderen hun frustraties later op anderen afreageren. Als baby's klagen we met ons gehuil van nature over alles wat ons niet bevalt, maar des te sneller leren we dat we door ons gehuil zelf anderen tot last zijn. Tijdens onze kinderjaren leren we door zulke afwijzende ervaringen dat we intrinsiek slecht zouden zijn, maar als kind kunnen we de redenen vaak niet begrijpen. Wanneer onze ouders ons straffen, beschuldigen we liever onszelf dan dat we de ouders als slecht moeten zien. Een geslagen kind denkt bij zichzelf: "Ik ben slecht, dus ik verdien de pijn die mijn goede ouder me aandoet, en als ik groot wordt, dan zal ik slechte mensen op dezelfde manier straffen als dat ik gestraft werd."[31]

De kinderen die leerden dat ze klappen zouden 'verdienen', zullen eenmaal volwassen geworden moeilijk kunnen begrijpen dat geweld tegen kinderen verkeerd is. Dan moesten ze de eigen ouders immers alsnog van kwade opzet beschuldigen, een inzicht dat ze sinds hun kindertijd juist leerden te verdringen. Verdringing is dus een afweermechanisme, de eerste overlevingsstrategie die mishandelde kinderen zichzelf aanleren om het beeld te beschermen dat hun ouders goede mensen zijn. In de latere herhaling van het eerdere misbruik zijn de ooit machteloze kinderen zelf machtige volwassenen geworden.[32]

Helpende en wetende getuigen

Om de keten van geweld te doorbreken, hebben we een getuige nodig die ons gelooft, iemand aan wie we onze pijn straffeloos kenbaar mogen maken, iemand die ons niet tot eenzijdige vergiffenis van mishandelende ouders of opvoeders dwingt. Zulke getuigen hebben een heilzame werking, want mensen met traumatische stress genezen het snelst wanneer anderen hun trauma oprecht geloven en hen communiceren dat ze heus goede mensen zijn.[33] Dit soort corrigerende ervaringen die meevoelende mensen ons gunnen, helpen ons om zelfs de grootste trauma's te verwerken. Het probleem is dat mishandelde kinderen meestal geen getuige kunnen vinden. Het lukt hen niet om hun trauma's op eigen kracht te verwerken.

Alice Miller maakt onderscheid tussen wetende en helpende getuigen. *Helpende* getuigen begrijpen zelf niet waarom een kind depressief, boos of verward is, maar bieden het de steun en waardering die het nodig heeft om zijn negatieve zelfbeeld in een positief beeld om te zetten. De *wetende* getuige biedt dezelfde steun, maar begrijpt ook wat de gevolgen van kindermishandeling op de psychologische ontwikkeling van het kind zijn.

Miller onderzocht de biografieën van enkele dictators. Het viel haar op dat "in de jeugd van massamoordenaars als Hitler, Stalin of Mao geen 'helpende [of wetende] getuige' kan worden gevonden."[34] In een televisie-interview legt ze uit wat deze dictators drijft:

> "Bekijk het eens andersom. Wat kan er met een mens gebeuren die als kind miljoenen keren per dag wordt omgebracht? Die kan niets anders wensen dat wanneer hij ooit aan de macht is hij miljoenen naar de gaskamer stuurt, of miljoenen naar de goelag stuurt, en dan beweert dat het goed is. Hij redt daarmee het Duitse volk, of hij redt daarmee Rusland of een heel ander volk, omdat hij het zo ook als kind heeft ervaren. 'We doen het heus voor je eigen bestwil.'"[35]

Ze bedoelt niet dat alle mishandelde kinderen massamoordenaars worden. Ze beweert ook niet dat een mishandelde jeugd het gedrag van dictators vrijspreekt, integendeel, maar omgekeerd zijn er nu eenmaal geen bloeddorstige tirannen in de geschiedenis te vinden die als kind geen slachtoffer werden van brute mishandelingen.[36]

★   ★   ★

In de volgende drie hoofdstukken van dit boek schrijf ik over de boodschap van geweld en de gevolgen van lichamelijke en emotionele mishandeling (**Hoofdstuk 4**); over de pijn van voorwaardelijke liefde wanneer middenklassenouders hun kinderen voor hun eigen sociale status uitbuiten (**Hoofdstuk 5**); en over het donker op de bodem van de ziel, over jaren van depressie en zelfmoord (**Hoofdstuk 6**).

Zoektocht naar een ware zelf

Over haar eigen verleden liet Alice Miller niet alles los. Ze beweerde als meisje het slachtoffer van een onderdrukkende moeder te zijn geweest. Meermaals schreef ze dat ze haar ware zelf moest ombrengen om anderen tot dienst te zijn.[37] Haar zoon, Martin Miller, trekt het verhaal van zijn moeder in twijfel in zijn boek *Het ware "drama van het begaafde kind"*. De titel is een verwijzing naar het eerste boek van zijn moeder. Martin wijt haar trauma niet aan negatieve ervaringen in de vroege kindertijd, zoals ze zelf altijd heeft beweerd, maar aan gebeurtenissen in de Tweede Wereldoorlog toen ze al een tienermeisje was.[38] Een verontwaardigde boekrecensente verwerpt die stelling:

> "[Dat] is precies de vergissing, de denkfout, waar [Alice Miller] telkens weer op heeft gewezen: het verdringen van het oorspronkelijke drama, het beschermen van de ouders, de religie en de omgeving door naar een bijzaak af te leiden."[39]

Als Martin Miller ernaast zit, wat was dan het *ware* ware drama dat zijn moeder zo goed voor de buitenwereld verborgen hield? Veel van haar boeken bevatten autobiografische passages, maar in *De opstand van het lichaam* gaf ze mogelijkerwijs haar persoonlijke trauma prijs. Ze beschrijft daarin een denkbeeldig scenario dat in haar opkwam, terwijl ze op de kermis naar de reacties van kleine kinderen in een draaicarrousel stond te kijken:

> "Hoe voelt een klein meisje zich dat seksueel misbruikt wordt als het bijvoorbeeld nauwelijks door de moeder wordt aangeraakt, omdat die het afwijst en als resultaat van haar eigen kindheid alle warme gevoelens voor zichzelf verbergt? Dan is dat meisje zo uitgehongerd naar aanraking dat het bijna ieder lichaamscontact als de vervulling van een dringende

wens met dankbaarheid aanneemt. Maar het kind zal toch verveling voelen als haar echte wezen, haar verlangen naar echte communicatie, naar tedere aanraking door de vader in principe alleen wordt uitgebuit wanneer [het kinds] lichaam slechts voor masturbatie of voor andere bevestiging van de eigen macht van de volwassene wordt misbruikt.

Het kan gebeuren dat dit kind gevoelens van teleurstelling, rouw en woede over het verraad aan haar wezen, over de onvervulde belofte, diep zal onderdrukken en zich verder aan de vader zal vastklampen, omdat het de hoop niet kan opgeven dat hij op een dag de belofte van de eerste aanrakingen naleeft, het kind zijn waarde teruggeeft en het toont wat liefde is. Want verder is er in de hele omgeving niemand die het meisje überhaupt liefde heeft beloofd. Maar deze hoop kan vernietigend zijn.

Het kan namelijk voorkomen dat dit meisje als volwassen vrouw aan een zelfbeschadigingsdwang lijdt en therapieen moet opzoeken, dat ze alleen dan een soort plezier kan voelen wanneer ze zich pijn doet. Ze kan überhaupt alleen dan iets voelen, omdat het misbruik door de vader ertoe leidde dat ze de eigen gevoelens bijna heeft omgebracht en ze nu niet meer ter beschikking heeft."[40]

Hoe kwam Miller op dit gedetailleerde voorbeeld? Maakten de kinderen in de carrousel soms diep verborgen gevoelens in haarzelf los? Enkele pagina's verder schrijft ze dat het voorbeeld haar maar toevallig zou zijn ingevallen.[41] Desalniettemin beschrijven de zinnen over de volwassen vrouw haar eigen biografie: ze zocht zelf therapieën op en trouwde met een man met wie ze niet gelukkig werd. In hetzelfde hoofdstuk bekritiseert ze haar eigen ouders:

"Ik ben mijn ouders geen dankbaarheid verschuldigd voor mijn bestaan, omdat ze hem helemaal niet wilden. Het huwelijk werd hen door de ouders aan beide zijden opgedrongen. Ik werd liefdeloos opgevoed door twee brave kinderen die hun ouders gehoorzaamheid verschuldigd waren en een kind ter wereld brachten dat ze helemaal niet wilden, en wanneer toch, dan een jongen voor de opa's. Zij kregen echter een dochter die decennialang probeerde al haar vaardigheden in te zetten om ze ondanks alles gelukkig te maken, eigenlijk een hopeloze onderneming. Maar als kind dat wilde overleven, had ik geen andere keus dan me in te spannen. Van begin af aan ontving ik de expliciete opdracht om mijn ouders de erkenning, aandacht en liefde te geven die de grootouders hen hadden achtergehouden. Maar om dat steeds weer te proberen, moest ik mijn waarheid opgeven, de waarheid van mijn eigen gevoelens."[42]

Een moeder die aanrakingen van haar dochtertje afwijst, die onder druk van haar ouders een kind nam van een man die ze niet wilde, dat is geen vrouw die van aanrakingen door haar man geniet, maar ze lijkt wel op de moeder die Miller in de eerdere paragrafen over het misbruikte meisje beschreef. Ligt het niet voor de hand dat ze zichzelf bedoelde? Als de kleine Alice opgroeide met twee liefdeloze ouders, bij wie kon haar vader dan met zijn driften terecht? De kleine Alice draaide voor de lasten van haar moeder op, maar misschien ook voor haar vaders lusten. Door het misbruik moest ze haar gevoelens als kind inderdaad "ombrengen" om te overleven.

★ ★ ★

In de laatste drie hoofdstukken schrijf ik over de hel op aarde, de gedachten en motieven van schoolmoordenaars die hun woede op klasgenoten afreageren (**Hoofdstuk** 7). Als gevolg van de negatieve communicatie waarmee instabiele ouders hun kinderen schaden, voeren we tot in volwassenheid een gevecht tegen een vals zelfbeeld (**Hoofdstuk** 8). Pas door gewaarwording van het negatieve zelfbeeld dat we ins ons dragen, kunnen we beginnen te genezen. Het boek sluit af met lessen voor de samenleving (**Hoofdstuk** 9).

1

Het verdrongen verleden

Ervaring is, voor mij, de hoogste autoriteit. De toets-
steen van geldigheid is mijn eigen ervaring. Geen van
mijn eigen ideeën noch die van een ander persoon
zijn zo gezaghebbend als mijn ervaring. Naar ervaring moet ik steeds weer terugkeren om een dichtere
benadering van de waarheid te ontdekken zoals zij
bezig is in mij tot stand te komen.

—Carl Rogers
Mens worden[1]

Terwijl we de leukste momenten van een avondje uit een
leven lang kunnen onthouden, raken we ondanks ons
bijzondere geheugen de vervelendste herinneringen
aan onze jeugd vaak kwijt, omdat we ze moesten verdringen.
Maar als we de historische oorzaken voor emotionele problemen waar we als volwassenen aan lijden niet meer kunnen herinneren, zoals bijvoorbeeld een gebrek aan zelfvertrouwen of
een negatief zelfbeeld, dan zullen we onterecht denken dat het
probleem aan onszelf ligt. In plaats van de ware oorzaken te begrijpen, sluiten we de toegang tot het verleden af met medicatie,
met therapie die ons tot vergiffenis dwingt of door in drank en
drugs onze zelfvernietiging te zoeken. Pas wanneer we die afweermechanismen afbreken, en ook onprettige herinneringen

weer in ons bewustzijn durven toelaten, kunnen we voor het eerst beginnen om de pijn van het verleden te verwerken.

Mogen we herinneren?

De Stichting Skepsis heeft "een kritische blik op buitengewone beweringen, pseudowetenschappelijke theorieën, dubieuze therapieën en paranormale overtuigingen."[2] Ze waarschuwt voor het opwekken van 'hervonden', oftewel valse herinneringen uit de jeugd. Mensen zouden zulke valse herinneringen niet van echt kunnen onderscheiden. Niet alleen zouden volwassenen jonge kinderen gemakkelijk fantasiegebeurtenissen kunnen aanpraten, waarvan de kinderen vervolgens geloven ze echt te hebben meegemaakt, maar volwassenen kunnen ook in hun eigen zelfverzonnen herinneringen gaan geloven.[3]

Als de stichting gelijk heeft, plaatst het herinneringen aan vroeg kindermisbruik eveneens in een twijfelachtig licht. Zijn de herinneringen die in ons opkomen wel echt waar of hebben we ze zelf verzonnen? Sommige kwakzalvers die zich als psychotherapeuten voordoen, specialiseren zich in het opwekken van dergelijke herinneringsvervalsingen en richten hun nietsvermoedende patiënten grote schade aan. Organisaties als Stichting Skepsis verdienen daarom waardering voor hun inzet. Toch klopt er iets niet: waarom waarschuwen zo vele instanties en therapeuten ons wél voor valse jeugdherinneringen, maar doen ze dat niet voor de omgekeerde situatie wanneer we ware herinneringen onterecht verdringen?

De sociale omgeving werkt vaak niet mee aan de verwerking van vroege jeugdtrauma's. Een eerste hindernis om trauma's te kunnen herinneren, is de reactie van onze naasten. Familie, vrienden of collega's bieden in veel gevallen weerstand tegen onze vroege herinneringen, omdat ze bijvoorbeeld zelf niet voor hun verleden openstaan.[4] Daardoor beschermt hun eigen onwetendheid de vervalste herinnering aan een gelukkige jeugd en daarmee ook het beeld dat veel mensen van hun geïdealiseerde ouders hebben.

Het mantra klinkt dat we het verleden moeten loslaten, maar loslaten is iets anders dan verwerken. Het is een misvatting dat we niet bij het verleden mogen stilstaan, op voorwaarde dat we doelgericht op zoek gaan naar oplossingen. Dan kunnen we juist alle steun van vrienden en familie gebruiken om het proces succesvol af te ronden.

Ook de wetenschap bemoeilijkt de waarheidsvinding. In de twintigste eeuw ontstond een wetenschappelijke stroming die zich met de ontwikkelingspsychologie van kinderen zou gaan bezighouden. Zij reduceerde de geest van het kind tot een zielloos bouwpakket dat pas na de kindertijd functioneel 'volwassen' zou kunnen worden. De invloedrijke theorieën van bijvoorbeeld de Zwitserse ontwikkelingspsycholoog Jean Piaget delen de geestelijke groei van het kind in een aantal ontwikkelingsstadia in, zoals bijvoorbeeld de "preoperationele fase" voor kinderen in de leeftijd van twee tot zeven jaar.[5]

Zulk dubbelzinnig taalgebruik dat kinderen als mens '*pre*-operationeel', dus technisch nog niet af zouden zijn, zegt meer over het wereldbeeld van de wetenschapper dan over kinderen. Dit geloof in een mechanische hersenontwikkeling leidt ertoe dat we de waarnemings- en herinneringsvermogens van kinderen nog niet zouden mogen vertrouwen. Criticus Webster Callaway onderzocht het oeuvre van zijn onderwerp in het boek *Jean Piaget*. Hij concludeert dat de ontwikkelingspsycholoog zijn uiterste best heeft gedaan om zijn ware bedoelingen met gelaagde dubbelzinnigheden te verbergen:

"Piagets nihilistische, bijna ondenkbare plan om zijn ware standpunt niet-communiceerbaar te maken, vormt een formidabel obstakel voor eenieder die zou proberen om zijn theorie begrijpelijk te maken. *Men moet zich afvragen wat iemands unieke methodologische en psychologische toestand is die zich gedwongen voelt constant over zijn metafysische doctrines te schrijven, maar die tegelijkertijd moet voorkomen dat deze doctrines helder worden begrepen.* [Zijn methoden van bedrog] zijn zo ondenkbaar dat, alhoewel bewijs op bijna iedere pagina van zijn vele boeken te vinden is, ze over het hoofd zijn gezien, blijkbaar omdat niemand zulk monsterlijk gedrag als een mogelijkheid wilde beschouwen, zeker niet van zo'n 'vriendelijk oud opa-type dat van kinderen houdt'."[6]

Maatschappelijke vaderfiguren als Piaget houden de deur die toegang tot de ware herinnering aan onze verledens geeft mede dicht door een kinds vermogen om ervaringen op te slaan te diskwalificeren. Maar volwassen slachtoffers van vroeg misbruik hoeven geenszins te denken dat hun herinneringen niet authentiek zouden zijn alleen maar omdat ze nog kinderen waren toen het vermeende misbruik plaatsvond. Het grootste gevaar ligt namelijk niet in valse, maar in *verdrongen* herinneringen.

Paradoxaal genoeg bemoeilijkt ook het misbruik zelf zijn eigen herinnering. Volgens wetenschappelijk onderzoek raken de hersenen van lichamelijk, emotioneel of seksueel mishandelde mensen zodanig beschadigd dat slachtoffers later moeite hebben om de herinneringen eraan op te halen.[7] Als gevolg van vroeg geweld krimpen sommige hersenonderdelen, zoals de amygdala en de hippocampus, precies de onderdelen die een rol spelen in het verwerken en ophalen van herinneringen.[8] De menselijke hersenen hebben dus een ingebouwd zelfverdedigingsmechanisme dat pijnlijke herinneringen wegstopt. Daardoor schatten als kind mishandelde volwassenen het misbruik als minder zwaar of minder vaak in dan werkelijk plaatsvond.[9]

De officiële volksgezondheidscijfers over kindermishandeling blijken eveneens sterk onderschat.[10] Deze amnesie die het kind beschermt, werkt echter in het nadeel van de getraumatiseerde volwassene, die de mogelijkheid verliest om de ware oorzaken voor zijn emotionele toestand te begrijpen.

Het cynisme van de natuur helpt ons niet verder, maar misschien kunnen we onszelf helpen door vervelende herinneringen uit het verleden niet langer weg te drukken, maar ze in ons bewustzijn toe te laten wanneer ze zich aanbieden. Door emotionele remmingen los te laten, kunnen we beginnen met een analyse van het verleden. Dan kunnen we het negatieve beeld van onzelf in ons eigen voordeel bijstellen. Wie bijvoorbeeld in staat is om zijn negatieve zelfbeeld te begrijpen in het licht van jarenlange vernederingen, kan zijn negatieve zelfbeeld beginnen te veranderen in dat van een gezond en zelfverzekerd individu, omdat hij de leugens over zijn bestaan niet langer hoeft te geloven.

Vroegste herinneringen

Tot hoever terug *kunnen* we herinneren? De meeste volwassenen weten niets meer van gebeurtenissen van voor het derde of vierde levensjaar. Gebeurtenissen tot het zesde jaar kunnen we maar met grote moeite voor de geest halen.[11] Dat geldt zowel voor mensen met een gelukkige jeugd als voor mensen die een persoonlijke hel meemaakten.

Toch zijn er mensen die zeer vroege herinneringen menen te kunnen ophalen. Een onderzoeker plaatste in de jaren negentig eens een advertentie met de vraag of mensen hun herinneringen van voor het eerste levensjaar wilden opsturen, als experiment. Ongeveer vijftien mensen reageerden op de oproep. De herinneringen variëren van het absurde tot het doodgewone, maar alle respondenten waren oprecht overtuigd van de geldigheid van hun herinneringen.[12]

Zulke vroege herinneringen zijn bijzonder, want hersenonderzoek trekt het bestaan ervan in twijfel. Grote veranderingen in de hersenen, rond het tweede levensjaar, zouden vroegere herinneringen na verloop van tijd uitwissen. Onderzoekers noemen het verlies van onze vroegste herinneringen *infantiele amnesie.* Ze ontdekten dat jonge kinderen, in tegenstelling tot oudere kinderen en volwassenen, zich gebeurtenissen tot ongeveer de leeftijd van twee jaar nog wel goed konden herinneren, maar wanneer dezelfde kinderen een aantal jaar later weer met hun eigen herinneringen werden geconfronteerd, ontkenden ze die te hebben meegemaakt.[13]

In een ander onderzoek ontdekten twee wetenschappers een andere verklaring: naarmate kinderen ouder worden, schatten ze hun vroegste herinneringen steeds later in. Ze herinneren gebeurtenissen uit bijvoorbeeld het derde jaar als gebeurtenissen uit het vierde of vijfde jaar. Die ontdekking betekent dat onze vroegste herinneringen misschien wel vroeger zijn dan we denken.[14] Kortom, de wetenschappelijke resultaten laten enige ruimte voor zeer vroege herinneringen over.

De allervroegste herinnering die ik heb, speelt zich af wanneer ik amper een half jaar oud ben. Taal begrijp ik niet, maar ik herinner me de gevoelsindrukken van wat ik zie, hoor en denk. Als een rugzakje hang ik achterop mijn moeders rug. We staan buiten voor een gebouw, het appartement waar mijn ouders wonen. Er staat iemand voor mijn moeder. Ik kan hem niet zien, maar zijn herkenbare stemgeluid verraad dat het mijn vader is. Er wordt wat aan het tuigje getrokken waarmee ik aan mijn moeder vastzit. Ik ervaar het gevoel dat ik kwijt ben. Mijn ouders staan met elkaar te kibbelen alsof het tuigje misschien wel verkeerd om hangt. In gedachtentaal gaat er door me heen:

"Waarom ziet niemand mij? Hier ben ik! Ik ben achter de mama!"

Ik heb vele herinneringen van voor mijn derde en vierde levensjaar. Een aantal daarvan deel ik met mijn broertje, die anderhalf jaar na mij werd geboren. Ik herinner me bijvoorbeeld de dag dat hij vlak na zijn geboorte voor het eerst thuis sliep. Mijn moeder riep me naar het babykamertje dat ik met hem deelde. Nieuwsgierig ging ik op mijn tenen staan om door de spijlen van zijn kribbe te kijken. De warmte van zijn slapende gezichtje straalde op me af.

Om te onderzoeken of zulke zeer vroege herinneringen wel of niet mogelijk zijn, lijkt me onderzoek naar gedeelde herinneringen van broertjes en zusjes zinvol. Het is me onduidelijk waarom de wetenschap hardnekkig volhoudt dat volwassenen zulke vroege herinneringen niet meer zouden kunnen hebben. Het lijkt me dat ofwel de meetmethoden niet kloppen, bijvoorbeeld omdat mensen hun vroegste herinneringen niet op commando in een onderzoekomgeving kunnen ophalen, ofwel dat sociale taboes de wetenschappers ongemerkt beïnvloeden in de keuze voor hun experimentopzet.

2

Emotionele eerlijkheid

Verontschuldig nooit voor het tonen van gevoel, beste vriend. Onthoud dat wanneer je dat doet je voor waarheid verontschuldigt.

—Benjamin Disraeli
Contarini Fleming[1]

Slachtoffers van kindermishandeling verdringen hun herinneringen uit schaamte, vanwege een sociaal taboe of uit respect voor de ouders, maar zolang we het verband tussen nadelige jeugdervaringen en problemen later in het leven blijven ontkennen, helpt geen therapie of medicatie om die problemen op te lossen. Door emotioneel eerlijk te zijn tegenover onszelf kunnen we het maatschappelijke taboe op praten over de gevolgen van kindermishandeling doorbreken. Dat begint met durven vragen wat voor uitwerking traumatiserende ervaringen op onze levens hebben gehad.[2]

Goud in lood veranderen

Wat is de doodsoorzaak van iemand die zelfmoord pleegt door van een balkon te springen, de val of de depressie?[3] Terwijl de psychotherapie als kind getraumatiseerde patiënten naar vergiffenis van ooit mishandelende ouders kan sturen, maken artsen en ander medisch personeel andere afwegingen. De symptomen van een mishandelde jeugd verdwijnen namelijk niet door zich met de ooit mishandelende opvoeders te verzoenen. Medisch personeel behandelt dagelijks de gezondheidsschade die een mishandelde jeugd aanricht, zoals bijvoorbeeld de gevolgen van een alcohol- of drugsverslaving, zwaarlijvigheid, depressies en mislukte zelfmoordpogingen. Getraumatiseerde mensen vinden in dergelijke zelfvernietigingsdaden een schijnoplossing die de pijn van hun verledens verdooft. Door echter alleen naar de symptomen van diepere trauma's te kijken, verliest de maatschappij veel aan voorkombare medische inzet en onnodig ziekteverzuim.

Onderzoeker Vincent Felitti en zijn collega's ontdekten tijdens een onderzoek naar zwaarlijvigheid per toeval de ware oorzaak van veel zelfvernietigend gedrag bij volwassenen. In de jaren tachtig zette Felitti een breed programma op om mensen te helpen afvallen. Wat hem opviel, was dat deelnemers die het meest afvielen de grootste kans hadden om het programma vroegtijdig af te breken. Hij vroeg de afgevallen kandidaten in een vervolgonderzoek naar de reden en ontdekte dat "voor veel mensen overgewicht niet hun probleem was, [maar] de beschermende oplossing voor problemen die eerder met niemand waren besproken."[4] De zwaarlijvigheid was slechts een symptoom van een dieper, onopgelost probleem.

De afgevallen deelnemers verklaarden dat ze zich door hun gewichtsverlies onzeker gingen voelen. Een zwaarlijvige vrouw van in de zestig die aan hart- en vaatziekten leed, vertelde bijvoorbeeld dat ze als jonge vrouw begin twintig was verkracht. Het overtollige gewicht dat ze in het jaar na haar verkrachting absorbeerde, beschermde haar tegen seksuele aandacht van mannen.[5] Haar overgewicht isoleerde de pijn van een onverwerkt seksueel trauma, maar de artsen zagen alleen het overgewicht, niet het eerdere trauma. Het kwartje viel bij Felitti en zijn collega's dat nadelige jeugdervaringen wel eens de oorzaak van veel problemen later in het leven zouden kunnen zijn, een ogenschijnlijk simpel verband dat medische wetenschappers nog niet eerder hadden aangetoond:

"Veel van onze meest hardnekkige volksgezondheidsproblemen zijn het gevolg van pogingen om persoonlijke oplossingen te vinden voor door traumatische jeugdervaringen veroorzaakte problemen die zijn verloren door verjaring en verborgen door schaamte, geheimhouding en sociale taboes op het dieper graven naar bepaalde onderwerpen."[6]

In samenwerking met een Amerikaanse volksgezondheidsorganisatie besloten de onderzoekers een grootschalige studie naar het effect van nadelige jeugdervaringen op psychische en lichamelijke klachten in volwassenheid op te zetten. De zogeheten *Adverse Childhood Experiences* (ACE) studie leidde tot meer dan vijftig wetenschappelijke publicaties die tezamen de verwoestende medische gevolgen van vroege jeugdtrauma's hebben bewezen. De ACE-studie keek naar het aantal kwalitatieve categorieën mishandeling waar mensen als kind aan hadden geleden. Ze onderzochten dat aan de hand van een vragenlijst die ik in de **Appendix** heb bijgevoegd.

De onderzoekers ontdekten dat door de combinatie van meerdere categorieën mishandeling het risico op latere klachten zich opstapelt.[7] Felitti vraagt zich af waar het mis ging:

"Hoe kan dit gebeuren, deze omgekeerde alchemie, het goud van een nieuwgeboren baby om te zetten in het lood van een depressieve, zieke volwassene? De [ACE-studie] maakt duidelijk dat tijd sommige negatieve ervaringen [...] niet heelt.

Men kan sommige dingen niet 'gewoon loslaten', zelfs niet vijftig jaar later."[8]

De uitkomst van de ACE-studie maakt velen in de medische wereld ongemakkelijk, omdat ze geen of weinig ervaring met de soms schokkende verhalen van als kind mishandelde mensen hebben.[9] Artsen raken zelf niet graag getraumatiseerd door de verschrikkelijke gebeurtenissen die hun patiënten ooit moesten doorstaan.[10] Veel vroeg leed blijft daardoor onzichtbaar, omdat professionele hulpverleners er niet naar vragen. Huisartsen zien weliswaar de blauwe plekken en kneuzingen aan kinderlichaampjes, maar ze zien niet hoe erg kinderen psychologisch hebben geleden onder bijvoorbeeld vernederingen of ruzies tussen hun ouders. Juist die emotionele klappen veroorzaken later in het leven de grootste problemen.

Terwijl in de medische wereld een debat woedt over de invloed van de farmaceutische industrie, omarmen steeds meer medici een *bio-psycho-sociaal* ziektemodel van de mens.[11] Dat model houdt in dat psychische klachten niet alleen het exclusieve gevolg van genen of virussen zijn, maar ook deels of grotendeels het gevolg van de innerlijke psychologische toestand van de patiënt, bijvoorbeeld de som van zijn nadelige jeugdervaringen. De ACE-resultaten ondersteunen deze visie. Artsen die niet naar de sociale geschiedenis van hun patiënt kijken, lopen kans dat ze derdegraads symptomen behandelen die eerder het psychosomatische gevolg zijn van een mishandelde jeugd dan van tussenliggende symptomen.[12]

Gevolgen van nadelige jeugdervaringen

De vragenlijst van het ACE-onderzoek onderzocht tien categorieën van nadelige ervaringen waaraan mensen als kind werden blootgesteld, namelijk lichamelijke, emotionele en seksuele mishandeling; lichamelijke en emotionele verwaarlozing; en verschillende typen dysfunctionele huishoudens, zoals gescheiden of depressieve ouders. Iedere categorie telt voor één punt. Wat zijn precies de gevolgen van jeugdtrauma's?

Mensen met een ACE-score van vier, dus mensen die als kind slachtoffer werden van vier verschillende categorieën mishandeling, lopen later in het leven bijvoorbeeld meer kans op depressie en zelfmoordpogingen dan mensen met een ACE-score van nul. Ook vonden de onderzoekers dat nadelige jeugdervaringen later in het leven kunnen leiden tot een verhoogde kans op roken, longziekten, drugsgebruik, alcoholisme, persoonlijkheidsstoornissen, hartklachten, suikerziekte, zwaarlijvigheid, psychosen, schizofrenie en ongewenste zwangerschappen.[13]

De gevolgen van zulke trauma's werkten tot wel een halve eeuw na de mishandelingen door, wat betekent dat ouders die hun kinderen traumatiseren hen tot een levenslange straf veroordelen. Psychoanalytica Alice Miller begreep dat een geslagen kind van nature met woede op zijn mishandelingen wil reageren, maar ze vraagt zich af wat er met een kind gebeurt dat zijn ware gevoelens voor mishandelende opvoeders moet verbergen "en deze behandeling ook nog als een weldaad moet aannemen."[14] Felitti en zijn collega's van de ACE-studie bevestigen dit inzicht: "[We] moesten erkennen dat de vroegste jaren van iemands kindertijd niet verloren gaan, maar als een kinds voetafdrukken in nat cement vaak levenslang zijn."[15]

Het is niet zo dat de schade door jeugdmishandelingen pas in volwassenheid boven komt drijven. Al zeer vroeg vertonen geslagen en vernederde kinderen verstoord gedrag. Leraren en andere opvoeders geloven vaak dat het probleemgedrag in de kinderen zelf zit, dat ze ermee werden geboren of dat ze 'gek' zijn, maar alleen omdat ze de ware oorzaken niet kennen. Een

onderzoeker schetst de traumatiserende gevolgen die al bij baby's en peuters opduiken:

"Men heeft lang gedacht dat erg jonge kinderen geweld niet
begrijpen of geweld weer vergeten. Dat is niet het geval... De
manier waarop kinderen hun problemen als getuigen van
agressie uiten, verschilt per leeftijd, maar zelfs baby's van minder dan één jaar oud reageren op geweld met excessief huilen,
het onvermogen om aan te komen, moeilijkheid te worden
gesust, overdreven schrikreacties, een bevroren lichaams-
houding, stijfheid, treurige en teruggetrokken gezichtsuit-
drukkingen en een gebrek aan interesse om de omgeving te
ontdekken... Peuters en kleuters [...] hebben nachtmerries,
moeite met slapen gaan, intense verlatingsangst, verhoogde
waakzaamheid, meerdere angsten, emotionele teruggetrok-
kenheid en ga zo maar door. Schoolkinderen en jongvolwas-
senen vertonen dezelfde gedragingen, maar ook experimenteren ze vroeg en overmatig met seksualiteit en met verboden
middelen, uiten hun woede tegen autoriteiten, presteren
slecht op school en vertonen crimineel gedrag..."[16]

De hersenen vormen in de tienerjaren belangrijke zenuwbanen die de volwassen persoonlijkheid zullen vormen. Veel vroeg
misbruik manifesteert zich in deze vormende jaren dan ook als
persoonlijkheidsstoornis.[17] Dat maakt het voor hulpverleners
zo moeilijk om de ware oorzaken van gedragsgestoorde tieners
te verklaren, omdat de vroege trauma's die verstoord gedrag veroorzaken voor de buitenwereld volledig verborgen blijven.

3

Twee werelden knallen op elkaar

Lach niet over zulke huwelijken! Welk kind zou geen
reden hebben over zijn ouders te huilen?

—Friedrich Nietzsche
Aldus sprak Zarathustra[1]

Pasgeboren kinderen houden onvoorwaardelijk van hun
ouders, maar de liefde die ze geven, krijgen ze niet vanzelfsprekend terug. Dat zou verder geen probleem zijn
als de maatschappij een corrigerende functie vervulde om ouders die hun kinderen mishandelen tot de orde te roepen. De
realiteit verraad echter het tegendeel. Veel grote religies benadrukken bijvoorbeeld de eenzijdige autoriteit van de ouders
over hun kind. Zij legden deze ongelijkheid vast in goddelijke
wetten als het katholieke Vierde Gebod, *eer uw vader en uw
moeder*, ook bekend bij andere religies. Het is tijd om deze vorm
van religieus traditionalisme dat om de kritiekloze loyaliteit van
het kind aan zijn ouders vraagt tegenwicht te bieden.

De uitvinding van autoritair ouderschap

Wat was er eerder, de kip of het ei? Een variatie op dit probleem
klinkt: wie werd eerder het bezit van een ander mens, de ouder

of het kind? Met 'bezit' bedoel ik de gehoorzaamheid en loyaliteit van de ene mens aan een ander. Misschien het kind? Een kind wordt immers geboren in de handen van zijn ouder. Toch klopt dit antwoord niet. We kunnen het ons bijna niet voorstellen, maar onze jagende en verzamelende voorouders kwam allen als autonome individuen ter wereld die vrijwillig met elkaar samenwerkten op basis van informatie-uitwisseling, onderhandeling en wederzijdse waardering. Pas sinds de uitvinding van de landbouw onderwerpen mensen zich met onvoorwaardelijke gehoorzaamheid aan absolute regels die met de dreiging van lichamelijk geweld worden afgedwongen.[2] De volwassen ouder werd dus als eerste het bezit van een andere volwassene, pas daarna zijn kind.

In complexe landbouwsamenlevingen en latere industriële maatschappijen moeten mensen op zeer grote schaal met elkaar samenwerken, waardoor ze zich noodgedwongen conformeren aan "de regels". Dankzij collectieve gehoorzaamheid aan deze regels—de leerplicht, de belastingdienst, de werkweek, enzovoorts—kon de menselijke bevolking sterk groeien tot de vele miljarden individuen die de aardbol vandaag rijk is. Ondanks al haar gebreken werkt het systeem, maar dat is slechts de halve waarheid. Tegelijkertijd vestigde zich een bovenklasse die de productiviteit van mensen lager in de hiërarchie kon uitbuiten. De centralisering van arbeid die moderne steden met sanitaire voorzieningen voor alle gezinnen voorziet, berooft de gewone mens door belastingen en andere aflaten ook van zijn eigen productiviteit. Moderne burgers betalen veel meer dan nodig is om het systeem te laten werken. De mens redt zich immers ook prima zonder gouden koets van de koning, of zelfs zonder koning.

Historicus Yuval Harari noemt de transformatie van samenwerkende jagers in gehoorzame urenklokkers "het grootste bedrog in de geschiedenis".[3] Deze transformatie, de domesticatie van de mens, signaleert het begin van de eerste autoritaire relaties tussen mensen. Wat gebeurde er met de kinderen van tot knecht gedegradeerde mensen? Een ouder die zelf onderaan de maatschappelijke hiërarchie leeft, krijgt met de geboorte van zijn kind de enige mogelijkheid om zelf macht over een ander mens uit te oefenen. De woede over zijn eigen lot vindt een uitweg wanneer deze ouder zijn ellende met het geweld van een grote veroveraar aan zijn kind doorgeeft. Nu kunnen de slaafse ouders zichzelf tot heersers van de wereld van hun kind kronen. Uit schaamte voor hun eigen maatschappelijke gehoorzaamheid, en om hun gekrenkte eigenwaarde deels te herstellen, zullen ze hun kind wijsmaken dat loyaliteit, gehoorzaamheid en conformiteit de hoogst haalbare levensdoelen zijn.

Dit vernederde kind leert niets meer over vrijheid en autonomie. Zijn ouders onderdrukken hem thuis en buiten groeit hij op in de wereld van de onderdrukkers van zijn ouders, die hij later zelf zal dienen. Dat komt de bovenklasse prima uit: horige ouders voeden hun kinderen gratis en voor niets op tot nieuwe horigen. Om die reden benadrukken veel van de grote religies die mensen sinds de landbouwrevolutie stichtten de willoze gehoorzaamheid aan een oppergod en zijn aardse vertegenwoordigers, die hun volgelingen voor hun opoffering toegang tot het eeuwige leven in het hiernamaals beloven. "We onderwerpen jullie, omdat we het beste voor jullie willen," verklaarde de stichter van het Perzische Rijk.[4] Ouders zouden hun kinderen vertellen: "We disciplineren jullie voor jullie eigen bestwil."

Om de gehoorzaamheid van het kind aan de ouder te handhaven, gebruiken ouders discipline, opvoedkundige tikken, de dreiging van geweld of andere middelen die het kind angst inboezemen.

In haar boek *Breek hun wil* brengt journaliste Janet Heimlich een unieke verzameling kennis over religieus gemotiveerde kindermishandeling samen. Heimlich begrijpt dat de meeste gelovigen hun kinderen niet mishandelen en dat religie een goedaardige kracht kan zijn die mensen in veel facetten van het leven spirituele steun biedt, maar juist in gevallen dat mishandeling wél bij religieuze gezinnen voorkomt, concludeert ze dat door de religie goedgekeurd autoritair ouderschap de belangrijkste rol in die mishandelingen speelt. Anders gezegd: het misbruik wordt van bovenaf gepredikt.

Autoritair ouderschap is niet voorbehouden aan gelovige ouders. Ook moderne, niet-religieuze ouders hangen een variant ervan aan, namelijk het progressieve idee dat kinderen gelukkig maken. Wat ouders die dat zeggen eigenlijk bedoelen, is dat kinderen hen gelukkig *horen* te maken. Dit moderne kind probeert met al zijn talenten de behoeften van zijn ouders te bevredigen, misschien wel door bovengemiddeld te presteren op school of zelfs door een kinderster te worden. De televisie overlaadt de kijker als vanzelfsprekend met talentenjachtshows voor kinderen en jongeren die eigenlijk buiten horen te spelen. Het kind hoopt met al zijn kunsten de liefde en waardering door zijn ouders voor zich te winnen, terwijl de ouders via het leven van hun kind zelf hopen te promoveren op de sociale ladder.

Janet Heimlich ontdekte dat veel ouders "het idee kinderen te beheersen" wel zien zitten. Het is voor religieuze ouders "geen wonder dat ze van kinderen verlangen hun ouders 'in alles' te gehoorzamen."[5] Ze vergelijkt de situatie van religieus mishandelde kinderen met die van lijfeigenen: "In plaats van kinderen te eren als belangrijke leden van de samenleving, heeft de theologie grotendeels korte metten gemaakt met kinderen."[6] Dat ouders kinderen als hun bezit zien, viel filosoof Friedrich Nietzsche ook op. Hij schrijft in *Voorbij goed en kwaad*:

"[Geen] moeder twijfelt er in de grond van haar hart aan met het kind een eigendom te hebben gebaard, geen vader bestrijdt het recht het aan zijn normen en waarden te mogen onderwerpen. Ja, vroeger scheen het de vaders juist om naar zijn goeddunken te beslissen over het leven en dood van de pasgeborene (zoals bij de oude Duitsers). En net zoals de vader zien de leraar, de stand, de priester, de vorst ook nu nog in iedere nieuwe mens een aanvaardbare gelegenheid tot nieuw bezit."[7]

Psychoanalytica Alice Miller weet dat ouders "door hun kinderen bemind en geëerd" willen worden, maar het probleem ligt in de eenzijdigheid van die verering.[8] "[De] 'liefde' van het ooit mishandelde kind aan zijn ouders is geen liefde. Zij is een met verwachtingen, illusies en weigeringen belaste *band* die aan alle deelnemers een hoge prijs vraagt."[9] Kinderen kunnen zich niet van die schijnliefde verlossen, want ouders rekenen op het recht om geëerd te worden, "zelfs wanneer ze zich tegenover hun kleine kinderen vernietigend gedroegen."[10]

Hadden kinderen het Vierde Gebod zelf mogen bepalen, dan heette het niet *eer uw vader en uw moeder*, maar *heb ons allen lief!* Kinderen worden niet direct slachtoffer van de gehoorzaamheid aan hun ouders, maar pas later, "wanneer wij als volwassenen realiseren dat onze liefde werd uitgebuit en misbruikt."[11] Als het talentenkind volwassen is geworden, confronteert de realiteit het met de oneerlijkheid van zijn vroegere uitbuiting. Wil hij echter met boosheid reageren en zijn ouders om emotioneel schadeherstel vragen, dan duikt het Vierde Gebod weer op om hem aan zijn gehoorzaamheid te herinneren en de erkenning van het misbruik te blokkeren. De enige uitlaatklep is om de eigen kinderen uit te buiten, opdat we de rol van onze onaanraakbare ouders overnemen. De herhaling van het vroegere trauma is dan compleet.

Door de loyaliteit aan de ouders ervaren velen hun leven lang een emotionele schuld die ze voor alles wat de ouders voor hen hebben gedaan met eer en respect moeten aflossen. Oprecht geliefde kinderen voelen zich daarentegen vrij om een eigen levensweg uit te stippelen. Zij voelen zich gesteund in alles wat ze doen, omdat zij werden geliefd voor wie ze waren, niet voor wat ze de ouders opleverden. Om onszelf te bevrijden van de gehoorzaamheid aan mishandelende ouders, moeten we de ouders leren zien zoals ze echt waren, met al hun mankementen, eigenaardigheden en ook hun slechte kanten, maar niet langer als de onschendbare diplomaten uit onze jeugd.

Alice Miller stelt voor om de misbruikcyclus te doorbreken door het Vierde Gebod en al haar moderne interpretaties op te heffen:

"Ik denk dat het tijd is om de pijn uit de kindertijd en diens gevolgen serieus te nemen en ons van dit gebod te bevrijden. Dat betekent niet dat we onze oude ouders met wreedheid hun wrede daden moeten terugbetalen, maar het betekent dat we ze moeten zien zoals ze waren, hoe ze met ons als kleine kinderen omgingen, om onszelf en onze kinderen van dit patroon te bevrijden. We moeten scheiden van de *geïnternaliseerde* ouders die in ons hun vernietigingswerk voortzetten, zodat we onze levens kunnen accepteren en onszelf leren respecteren."[12]

4

De boodschap van geweld

Hoe kan een mens van zichzelf houden die zeer vroeg moest leren liefde niet waard te zijn? Dat hij klappen krijgt, zodat hij anders wordt dan hij is? Dat hij de ouders een last en geen vreugde was en ten slotte dat niets in de wereld ooit de afkeer en woede van de ouders zal kunnen opheffen?

—Alice Miller
Uit de gevangenis der schuldgevoelens[1]

De boodschap van geweld is dat we zelf geweld mogen inzetten als middel om anderen die niet doen wat wij willen met agressie te 'corrigeren'.[2] Geslagen kinderen geven het geweld dat ze ervaren niet voor niets al vroeg aan hun eigen broertjes of zusjes door.[3] Slaan doet pijn, maar de effecten van emotioneel en verbaal geweld veroorzaken later in het leven de grootste psychologische problemen.

De sociaalmaatschappelijke gevolgen van geweld tegen kinderen zijn niet te overzien. Klappen in de kindheid vergroten in volwassenheid de kans op psychische stoornissen.[4] Geweldsstraffen verwoesten het kinds zelfvertrouwen: ze sluiten hun leven lang minder vriendschappen en beginnen minder vaak relaties.[5] In volwassenheid ontwikkelen ze een "verhoogde kans op depressie, angststoornissen, alcohol- en drugsmisbruik [en] verscheidene persoonlijkheidsstoornissen."[6]

Vluchten naar de top

In 1953 bereikten sherpa Tenzing Norgay en de Nieuw-Zeelander Edmund Hillary als eersten de top van de Mount Everest. Wat voor type mensen voelen zich aangetrokken tot deze bovenmenselijke afstraffing der natuur? De klim vereiste zeker in de vroege jaren van de bergklimsport meer dan alleen doorzettingsvermogen, maar vooral zelfopoffering. Is het mogelijk dat sommige pelgrims niet alleen van het uitzicht kwamen genieten, maar in de klappen van de ijzige wind genezing zochten voor diep verborgen psychische wonden? Nationale held Sir Edmund Hillary versterkt dit vermoeden in een interview:

> "Mijn vader was niet echt erg geïnteresseerd in avontuurlijke activiteiten. Hij was een man van zeer sterke overtuigingen. Het beklimmen van bergen beschouwde hij waarschijnlijk als een beetje tijdverspilling. Ik vocht met mijn vader. En meestal zou ik uiteindelijk mee naar buiten, naar de houtschuur worden genomen en zou hij flinke klappen uitdelen. Ik ben vrij trots op het feit dat ik nooit echt toegaf dat ik fout zat, zelfs als ik dat was geweest."[7]

Edmund leed zijn hele jeugd onder de lichamelijke afranselingen door zijn eigen vader, Percy Hillary, die enkele jaren voor de geboorte van zijn beroemde zoon uit de Eerste Wereldoorlog terugkeerde. Hij had deelgenomen aan de Slag om Gallipoli. De oorlog had hem psychisch zo zwaar beschadigd dat hij nooit meer van *shell-shock* zou genezen, de aandoening die tegenwoordig post-traumatisch stresssyndroom heet. Percy zou zijn zoons om de kleinste ongeregeldheden dagelijks afranselen, bijvoorbeeld de keer dat Percy had ontdekt dat enkele druiven aan zijn druivenboom ontbraken. Edmund had ze niet geplukt, maar ving er in de houtschuur de zwaarste klappen voor op.

Het beeld ontstaat van een tienerjongen die geestelijk naar grote hoogten moest vluchten om het sadistische geweld van zijn vader te overwinnen. Als volwassene zou hij op de barre toppen van het Andesgebergte zelf op zoek gaan naar de herhaling van zijn trauma, in een poging om de pijn uit zijn jeugd opnieuw te overwinnen. In een openhartig interview uit 2003 beweerde de toen 84-jarige Edmund dat de gevechten met zijn vader hem sterker hadden gemaakt, maar ook dat hij juist de emotionele klappen uit zijn jeugd nooit had verwerkt. Ondanks zijn heldenstatus hadden de vernederingen uit zijn jeugd hem naar eigen zeggen een verlegen man met weinig zelfvertrouwen gemaakt.[8] Zelfs zeventig jaar nadat een gymleraar hem vanwege zijn slungelige lichaam voor zijn klasgenoten had vernederd, voelde hij nog oprechte verontwaardiging.[9]

Het verhaal van Edmund Hillary toont dat geslagen kinderen hun pijn vergeten, maar de emotionele klappen overwinnen ze op eigen kracht niet.[10] Als het een nationale held al niet lukte om jeugdtrauma's van meer dan een halve eeuw geleden te overwinnen, wat kunnen we dan van gewone stervelingen verwachten?

Een samenzwering tegen kinderen

Sociologieprofessor Murray Straus deed als één van de weinige wetenschappers onderzoek naar de schadelijke gevolgen van opvoedkundige tikken. Daaronder vallen volgens de professor alle klappen, meppen of tikken, met de hand of een voorwerp ergens op het lichaam van het kind met het doel om pijn, maar geen verwonding te veroorzaken.[11] Straus stoort zich aan het gebrek aan interesse voor zijn onderwerp: "Het is verbazingwekkend dat zelfs boeken over kindermishandeling er niet in slagen om de rol van opvoedkundige tikken te bespreken in het veroorzaken van lichamelijke mishandeling."[12]

Ik ontdekte dat de professor gelijk heeft. In de derde editie van een veelgeciteerd handboek over kindermishandeling van de *American Professional Society on the Abuse of Children* (APSAC), de Amerikaanse beroepsvereniging tegen kindermisbruik, namen de auteurs hoofdstukken op over de verschillende vormen van emotionele, psychologische en seksuele mishandeling, maar het verwachte hoofdstuk over verschillende vormen van lichamelijk geweld, en over de rol die opvoedkundige tikken daarin spelen, ontbreekt.

Volgens Straus maken maatschappij, politiek, religie en wetenschap zich schuldig aan een "samenzwering van stilte" om de gevolgen van bijvoorbeeld klappen op een kinderhoofd te verdoezelen.[13] Uit zijn eigen onderzoeken komt naar voren dat alle soorten klappen, dus inclusief tikjes op het lichaam van een kind, het begin van zwaarder lichamelijk geweld tegen kinderen kunnen zijn.[14] Ouders bagatelliseren dit zwaardere geweld eveneens met allerlei eufemismen als corrigerende tikken of een "draai om de oren".[15] Een andere wetenschapper beklaagt zich dat we "al onze kinderen kunnen slaan, zolang we onze klappen 'opvoedkundig' noemen, ze met goede bedoelingen uitvoeren en in het proces geen botten breken of blauwe plekken achterlaten."[16]

De gevoelservaring van het kind staat steeds op de tweede plaats. De maatschappij kijkt naar kinderen door de ogen van volwassenen, terwijl we de pijn en de shock die een klein kind bij zelfs een tik op de vingers kan voelen volledig negeren.[17] Dat is in het belang van ouders die hun geweldsmonopolie niet willen opgeven. Zelfs politieke beleidsmakers die het over kinderrechten hebben, bedoelen vaak eigenlijk de rechten van ouders *over* hun kinderen.[18] Om het geweldsmonopolie te verdedigen, verzinnen ouders het excuus dat ze hun kind alleen maar voor hun eigen bestwil pijn deden, om het bijvoorbeeld te beschermen tegen een haardvuur of te voorkomen dat het kind de weg oprent.

De goede bedoelingen van een ouder beschermen het kind echter niet tegen de emotionele schade van een ruwe behandeling. Het is beter om een kind normaal vast te pakken en het met woorden uit te leggen dat iets gevaarlijk is. Peggy O'Mara schrijft in *Gewoon gezinsleven*:

"Slaan is nooit de beste manier om een kind iets te leren. Zelfs in geval van echt gevaar—zoals wanneer een kind de straat op rent—kun je hem vastgrijpen, hem laten neerzitten, hem in de ogen aankijken en hem vertellen waarom hij dat nooit meer moet doen. De paniek in je stem zal je boodschap veel effectiever communiceren dan welke aframmeling dan ook. Je kunt dramatisch zijn zonder te mishandelen."[19]

Ouders die hun kinderen slaan, blijken ook op andere vlakken minder goede ouders te zijn.[20] Ze grijpen sneller naar negatieve opvoedmiddelen dan dat ze met hun kind praten om ongewenst gedrag uit te leggen, terwijl praten juist de groei van kinderhersenen stimuleert. Neurologisch onderzoek wijst uit dat klappen op het hoofd de hersenontwikkeling schaden.[21] De opvoedkundige tik is dus helemaal niet opvoedkundig, maar desastreus voor de gezonde psychische ontwikkeling van een kind.

Kinderen die met geweld opgroeien, gedragen zich slechts tijdelijk correct om nieuwe klappen te voorkomen, maar het enige wat ze leren, is dat ze hun gedrag voor de ouders moeten verbergen. Geslagen kinderen zijn bovendien minder bereid om iets van hun ouders te leren.[22] Geen wonder dat ouders klagen over kinderen die niet willen luisteren!

In 1979 erkende Zweden met een wettelijk verbod als eerste land ter wereld dat kinderen recht hebben op een geweldsvrije opvoeding. Het progressieve Nederland volgde op 25 april 2007 met een kleine wetaanpassing, waarvan de aangepaste wettekst luidt:

> "Onder verzorging en opvoeding worden mede verstaan de zorg en de verantwoordelijkheid voor het geestelijk en lichamelijk welzijn en de veiligheid van het kind alsmede het bevorderen van de ontwikkeling van zijn persoonlijkheid. In de verzorging en opvoeding van het kind passen de ouders geen geestelijk of lichamelijk geweld of enige andere vernederende behandeling toe."[23]

De Nederlandse wet verbiedt "geweld of enige andere vernederende behandeling" jegens kinderen, maar de interpretatie van het woordje 'geweld' laat ruimte open voor allerlei opvoedkundige tikken op bijvoorbeeld de vingers en de handen, of zelfs 'goedbedoelde' klappen op het hoofd en de bips van het kind. De wet schiet tekort, want ze voorkomt niet dat ouders die zelf als kind werden geslagen in het geloof volharden dat klappen soms nodig zouden zijn om een kind te corrigeren.[24] Deze als kind geslagen ouders zijn immers zelf toch goed terecht gekomen? Bovendien, argumenten ze, deden de klappen geen pijn, want ze werden uit liefde gegeven. Wat geslagen mensen vergeten, is dat ze als kind juist leerden om de pijn van de klappen te verdringen. Die boodschap dragen ze zelf weer aan de eigen kinderen over.

Het is een mythe dat alleen "enge mannen" kinderen mishandelen. Doordat de moderne gezinsleden dicht op elkaar in kleine rijtjeshuizen en stadsappartementen wonen, kunnen ze elkaars woede, verachting of manipulaties thuis niet ontwijken. Daardoor groeien kinderen overal ter wereld op met geweld door hun eigen ouders of andere volwassenen in het huishouden, wat voor hele generaties mensen geweld tot onderdeel van de vroege levenservaring maakt.[25] Niet de gevaarlijke buitenwereld, maar de thuisomgeving vormt de grootste geweldsdreiging: "[Mensen] lopen een grotere kans te worden aangevallen, geslagen of gedood door hun eigen familieleden dan door buitenstaanders. Dit verontrustende feit is vooral waar voor kinderen."[26]

Murray Straus onderzocht hoe vaak Amerikaanse ouders hun kinderen slaan. Hij ontdekte dat in de periode van 1957 tot 2000 bijna 99 procent van alle kinderen wel eens door hun ouders werd gestraft met klappen op het lichaam.[27] Ouders slaan niet alleen kleine kinderen, maar ook hun tieners. Bijna zestig procent van alle Amerikaanse tieners ving met regelmaat klappen op. Het geweld stopte pas nadat ze op zichzelf gingen wonen.[28] Ouders die hun kinderen slaan, doen dat het vaakst in de leeftijd van drie tot vier jaar, maar mensen hebben als volwassene juist de meeste moeite om herinneringen aan die periode voor de geest te halen.[29] Dat betekent niet dat ze de klappen zijn vergeten. De gevolgen van het geweld liggen dan al opgeslagen in de zenuwbanen van de ontwikkelende hersenen. Deze kinderen groeien op met de ingegrifte boodschap dat geweld 'goed' is, met als gevolg is dat de wisselwerking tussen ouder en kind ongewild en onbedoeld een cyclus van geweld in stand houdt.[30]

Ouders hebben de neiging om de frequentie van hun klappen te onderschatten. Zelf denken ze dat ze hun kinderen hooguit enkele keren per jaar slaan, maar Straus vermoedde dat de werkelijke cijfers veel hoger liggen. Tijdens een interview met jonge moeders stelde de interviewer bijvoorbeeld vast dat zeven procent van alle moeders hun kind nog tijdens het interview had geslagen. In werkelijkheid vangen de meeste kinderen die geslagen worden meer dan 150 keer per jaar klappen op—gemiddeld om de dag van hun leven, een jong leven lang.[31] De veilige haven die het gezin hoort te zijn, blijkt voor veel kinderen de bron van geweld in de wereld.

Emotioneel geweld

Meer dan lichamelijke mishandeling beschadigt emotionele mishandeling het kinds zelfbeeld, omdat het een diepere boodschap van negatieve waarde communiceert dan een klap of een schop.[32] Ouders saboteren hun kinds eigenwaarde door het "te beschuldigen, te kleineren, te vernederen, te verlagen, te intimideren, te terroriseren [en] te isoleren."[33] Door de opvoedtaak overweldigde ouders gebruiken zulke vernederingen om het zelfvertrouwen van hun kinderen onderuit te halen, want daarmee maken ze assertieve kinderen onschadelijk. Dan zijn de ouders weer de baas, terwijl het kind de baas helemaal niet wilde zijn.[34]

De boodschap die ouders een kind communiceren, bijvoorbeeld of het waardevol en beminnelijk is, bepaalt hoe een kind zichzelf later ziet. Dit aangeleerde zelfbeeld draagt het zijn leven lang in zich mee. Geliefde baby's leren bijvoorbeeld dat de wereld veilig is. Zij worden zelfverzekerde volwassenen die steeds op dit beeld kunnen terugvallen.[35] Het APSAC-handboek over kindermishandeling merkt op hoe belangrijk het vroege vertrouwen is dat baby's al van hun ouders hopen te krijgen:

> "Baby's leren ook dat ze de macht hebben om hun behoeftes kenbaar te maken. Als hun signalen aan verzorgers resultaten opleveren, maken baby's hun eerste ervaring van competentie mee en wat ontwikkelingspsychologen *effectance* noemen—de ontdekking dat ze invloed hebben op de wereld om hen heen. Dit is wat we voor alle kinderen willen. Met

die basis van vertrouwen en zekerheid trekken kinderen er met zelfvertrouwen en enthousiasme op uit, terwijl ze hun hechtingsfiguren als veilige haven gebruiken van waaruit ze de wereld om hen heen ontdekken en over haar leren."[36]

Emotionele mishandeling schaadt het kinds vermogen om sociale interactie met andere mensen aan te gaan, maar omdat emotionele klappen geen zichtbare verwondingen achterlaten, besteedt ook de wetenschap er weinig aandacht aan.[37] Desalniettemin is emotionele mishandeling de meest voorkomende vorm van kindermishandeling.[38] Het richt grotere psychische schade aan dan bijvoorbeeld lichamelijk of seksueel geweld.[39] Emotioneel verwaarloosde kinderen blijven achter in hun sociale groei, hebben grotere moeite om vrienden te maken en hun probleemoplossend denkvermogen blijft achter bij leeftijdsgenoten.[40]

Om ouders niet te beledigen en hun medewerking aan wetenschappelijk onderzoek veilig te stellen, vonden onderzoekers de subtielere term "uitgedrukte emotie" uit, want dat geeft ouders die hun kind afsnauwen het idee dat ze slechts hun emoties uitdrukken en zich heus niet aan veel negatievere verbale mishandeling schuldig zouden maken.[41] Desondanks blijkt dat wanneer beide ouders graag hun emoties uitdrukten, en ze hun kind daarbij hun overdreven bemoeienis, vijandigheid of arrogantie toonden, ze in bijna veertig procent van de gevallen hun tienerkinderen op met schizofrenie opzadelden, vergeleken met nul procent voor liefdevollere ouders.[42] Bijna negentig procent van alle emotioneel mishandelde kinderen leed op zeventienjarige leeftijd aan een psychische stoornis; minstens zeventig procent zelfs aan twee of meer.[43] Ouders die hun kinderen emotioneel mishandelen, zijn dus hofleveranciers van de geestelijke gezondheidszorg!

Net als bij klappen op het hoofd richten emotionele en verbale klappen blijvende schade aan de hersenen aan. Volwassenen die als kind stelselmatig leden onder emotionele mishandeling of verwaarlozing hebben als gevolg daarvan een veranderde hersenstructuur.[44] Ze lijden vaker aan negatieve gedachten over zichzelf. Ook in nieuwe situaties maken ze vaker vergelijkingen met negatieve situaties die ze eerder in hun leven meemaakten. Omdat ze geen kussen van positieve herinneringen hebben opgebouwd om later op terug te vallen, tast de emotionele mishandeling decennialang de levenskwaliteit aan.[45]

Verbaal geweld

Onder verbaal geweld verstaan wetenschappers het "schelden, vloeken, schreeuwen, beschuldigen, beledigen, bedreigen, belachelijk maken, vernederen en bekritiseren" van anderen.[46] Meer dan zestig procent van alle ouderparen gebruikt naar eigen zeggen verbale agressie tegen hun kinderen. Tot verbaal geweld rekenen wetenschappers ook symbolisch geweld, zoals bijvoorbeeld een deur voor iemands gezicht dichtgooien. "Verbale/symbolische agressie is communicatie bedoeld om een ander persoon psychologisch pijn te doen," maar ook als zodanig waargenomen communicatie telt mee, want net als bij lichamelijk geweld gaat het niet om de goede bedoelingen van de afzender, maar om de psychische pijn waaronder de ontvanger lijdt.[47]

Kortom, schelden doet pijn.[48] Het APSAC-handboek over kindermishandeling noemt vier manieren waarop ouders hun kinderen verbaal pijn doen, namelijk door ze te kleineren, te verlagen of anderzijds vijandig of afwijzend te bejegenen; door ze te vernederen of uit te lachen voor het tonen van normale emoties (bijvoorbeeld een huilend kind voor zielenpiet uitmaken); door kinderen te bekritiseren en vaak te straffen voor al hun fouten; en door het kind publiekelijk te vernederen.[49] Volwassenen hebben een duidelijk verbaal overwicht waartegen kinderen zich niet kunnen verdedigen.

De effecten van verbaal geweld werden echter nog minder onderzocht dan emotionele mishandeling, omdat zelfs onderzoekers geloven dat het "maar woorden" zijn die heus geen schade aan te richten. In psychologisch opzicht is verbaal geweld van alle vormen van mishandeling echter de meest schadelijke vorm.[50] Uit zeldzaam onderzoek van Harvard-universiteit blijkt dat herhaaldelijke en langdurige blootstelling van kinderen aan verbaal geweld posttraumatisch stresssyndroom veroorzaakt, net als ruziënde ouders, maar terwijl we ons als maatschappij wettelijk verplichten om vluchtelingen uit oorlogsgebieden van bad, bed en brood te voorzien, vergeten we de meest getraumatiseerde mensen binnen onze eigen grenzen: de jongste slachtoffers van kindermishandeling.[51]

Wat is er toch aan de hand met de wereld dat we kinderen aan het eind van hun tienerjaren aan de maatschappij overlaten met opvoedkundige oorlogstrauma's?

5

De pijn van voorwaardelijke liefde

Telkens wanneer liefde op voorwaardelijke basis wordt gegeven, wanneer iemand liefde moet verdienen, wordt hen gecommuniceerd dat zij niet intrinsiek waardevol of beminnelijk zijn. Waarde ligt niet binnen hen, het ligt erbuiten. Het is in vergelijking met iemand anders of tegen sommige verwachtingen. En wat gebeurt er met een jonge geest en een jong hart, uiterst kwetsbaar, uiterst afhankelijk van de steun en emotionele bevestiging van de ouders, in het gezicht van voorwaardelijke liefde?

—Stephen Covey
De zeven eigenschappen van effectief leiderschap[1]

Voorwaardelijke liefde is een vorm van emotionele mishandeling waarbij ouders misbruik maken van de relatie met hun kind om hun eigen verlangen naar sociale status te bevredigen. Om aandacht voor zichzelf te winnen, programmeren ze hun kinderen als kopieën van hun geïdealiseerde, vroegere zelf. Door de prestatiedruk waarmee ze hun kinderen dwingen een ander mens te worden dan ze werkelijk zijn, lijden deze kinderen al vroeg onder psychische druk. Wat kinderen juist nodig hebben, is onvoorwaardelijke waardering voor hun eigen persoonlijkheid.

Een indirecte moord in Alaska

Op 6 september 1992 vonden jagers het ontbindende lichaam van een jonge man in de verlaten wildernis van Alaska. Het bleek om de 24-jarige 'Chris' (Christopher) McCandless te gaan, die al sinds 1990 het contact met zijn ouders, zus en familie volledig had doorgesneden. Chris leefde sinds het begin van dat jaar van wilde planten en de dieren die hij met zijn geweer doodschoot. Zijn verhaal werd bij het grote publiek bekend nadat schrijver Jon Krakauer er de later verfilmde bestseller *De wildernis in* over schreef.

Sinds zijn vrijwillige verdwijning zwierf Chris soms maanden aan een stuk zonder geld te voet door grote delen van de westkust van Amerika, Noord-Mexico en zijn eindbestemming Alaska. Chris noemde zichzelf een "esthetische reiziger", maar een ervaren backpacker was hij niet.[2] In zijn rugzak droeg hij een groter gewicht aan filosofische literatuur mee dan aan overlevingstuig. Zijn reis liet hij grotendeels aan toeval over. In de Alaskaanse wildernis ontdekte hij een verlaten bus die hem tegen de kou zou beschermen, maar na meer dan honderd dagen sociale afzondering overleed hij alsnog aan de gevolgen van onderkoeling en verhongering.

De precieze doodsoorzaak staat ter discussie. Het maakt voor sommigen een verschil of Chris overleed aan een ongeluk, wellicht door giftige planten te eten, of dat hij de wildernis van Alaska opzocht om zelfmoord te plegen.[3] Ik heb een andere theorie: Chris werd indirect vermoord door de psychologische gevolgen van voorwaardelijke liefde, namelijk grove geestelijke en lichamelijke mishandelingen in zijn jeugd—door zijn eigen ouders.

Schrijver Jon Krakauer, die als jonge man zelf soms weken aan een stuk de bergen van Alaska beklom, komt in zijn boek tot de bizarre conclusie dat Chris zijn seksuele driften liever aan de ruige natuur zou hebben overgegeven dan aan vrouwen: "Zijn smachtend verlangen [...] was te krachtig om te worden bevredigd door menselijk contact."[4] Een andere schrijver herkende in Chris' daden een onverzadigbare drang naar adrenaline. De avonturier zou zich als een soort wildernisverslaafde tot het uiterste hebben gedreven en daarbij zijn verongelukt.[5] Beide visies zijn intellectuele masturbatie.

De zus van Chris, Carine McCandless, kan meer over het ware motief van haar broer vertellen. In haar boek *De wilde waarheid* zet ze na 22 jaar stilzwijgen de vuile was buiten over het dysfunctionele gezin waarin zij en haar broer opgroeiden. Vader Walt verwekte Chris en Carine bij hun moeder Wilhelmina (Billie), maar deed dat nog tijdens zijn huwelijk met Marcia, bij wie hij in totaal zes kinderen verwekte. Een week voor de eerste bevruchting van Billie verwekte hij bij zijn vrouw nog een ander kind, en tussen de geboorte van Chris en Carine door werd Marcia nog een keer zwanger van Walt. Hij ging met tegenzin met de acht jaar jongere Billie samenwonen, maar weigerde van Marcia te scheiden, totdat zij hem na een lange strijd over de streep wist te trekken.

Walt en Billie hielden hun verleden goed voor hun kinderen verborgen, maar volgens Carine werd het geheim van Walts bigamie uiteindelijk allesbepalend voor de psychologische identiteit van haar broer:

"Vanaf het moment dat we kleine kinderen waren, nog onbewust van hoe kinderen ter wereld komen, herinner ik me dat Chris consequent met de tranen van onze moeder duidelijk werd gemaakt dat de gezinsperikelen begonnen met zijn geboorte, toen [Billie] aan onze vader 'vast' kwam te zitten. Chris droeg deze ongegronde schuld in zich mee tot de wijsheid die met leeftijd komt, resulteerde in gevoelens van verraad en uiteindelijk woede. Deze onterechte beschuldiging werd nooit herroepen, alleen genegeerd. Omdat hij geen alternatief zag dan zichzelf compleet te verwijderen van de pijn die hij niet kon beheersen, had Chris goede gronden om te vertrekken op de manier zoals hij deed. Voor hem was het een kwestie van overleving."[6]

Walt en Billie leefden op voet van oorlog met elkaar. De dominerende Walt reageerde zijn woede ongeremd op zijn vrouw af, waarbij hij haar ritueel op bed zou gooien en haar met een kussen probeerde te verstikken. Carine beschrijft wat daarna gebeurde:

"'Kinderen! Kinderen! Help! Kijk wat je vader met me doet!' schreeuwde [Billie] het uit tussen twee ademhalingen door. 'Kinderen! Kom gauw hier! Kijk wat je moeder me dwingt te doen!' was [Walts] zielige verdediging. Ik schreeuwde naar hem dat hij moest stoppen en probeerde hem van haar af te duwen. Chris—drie jaar ouder en wijzer geworden door zijn eigen verwondingen—trok me vlug terug tot ik leerde vanuit de deuropening te kijken. We werden gedwongen te getuigen en te wachten. We wachtten in angst van wat er zou gebeuren—niet alleen met onze moeder maar ook met onszelf—als we weg zouden gaan voor ons toestemming werd gegeven. We leerden al vroeg dat als het je niet gelukt was om weg te rennen voordat de beer je ruikt, het de beste manier is om gewoon heel stil te blijven. Uiteindelijk zou pa ma vrijlaten, zonder excuses, en zou ze in de deuropening met ons ineenstorten. 'Het spijt me, kinderen,' zou ze richting pa gillen terwijl hij wegliep, 'maar toen ik zwanger was geworden met Chris, kwam ik met jullie vader vast te zitten!' Ik herinner me dat Chris wanhopig huilde, in zielsangst vanwege te zijn geboren, zich verontschuldigend."[7]

Wat voor psychologisch trauma loopt een jong kind op dat zich aan zijn moeder moet verontschuldigen voor zijn eigen bestaan? Hij begreep als kleine jongen wat hem te doen stond. Om aan de wensen van zijn moeder te voldoen, moest hij zijn eigen leven ongedaan maken, maar het was een onmogelijke opdracht. Als kind kon hij immers niet weglopen om zichzelf uit het gezin te verwijderen. Hij had zijn moeder nodig om zelf te overleven.

Billie zou haar kinderen tot het eind van hun tienerjaren blijven vertellen dat ze "nu eindelijk" van haar agressieve man wilde scheiden. Op zulke dagen nam ze haar kinderen mee op huizenjacht, zogenaamd om te kijken waar ze dan wilden gaan wonen. Ze ging zelfs zo ver om met Walt en de kinderen gezinsvergaderingen over hun mogelijke scheiding te organiseren. Dan dwongen ze de kinderen om te kiezen bij wie ze wilden wonen, maar telkens bleek het om een psychologisch spelletje te gaan, bedoeld om de kinderen te treiteren en niet om daadwerkelijk te scheiden, wat Billie uiteindelijk nooit zou doen. Als volwassene maakte Chris zijn eigen besluit:

> "Aangezien ze me toch nooit serieus zullen nemen, zal ik gewoon met hun acteerspelletje meespelen. [...] En dan, zodra de tijd rijp is, zal ik ze met een abrupte, snelle actie helemaal uit mijn leven gooien. Ik ga van ze scheiden als mijn ouders. Dan ben ik voor eens en voor altijd met ze klaar."[8]

Chris' verdwijning had niets met erotische natuur noch met wildernisverslaving te maken. Hij en zijn zusje groeiden op als slachtoffers van zwaar gestoorde, manipulatieve ouders die hen emotioneel en ook lichamelijk ernstig mishandelden. Wanneer Chris en zijn zusje als kleine kinderen bijvoorbeeld een 'overtreding' begingen, dan gaf Walt hen de opdracht om in zijn slaapkamer de riem uit te kiezen waarmee ze geslagen wilden

worden.[9] Hij reageerde zijn sadistische frustraties op kleine kinderen af—met goedkeuring en tot genoegdoening van hun toe-
kijkende moeder: "We hadden met het gewicht van ons bestaan
haar leven geruïneerd, haar in deze hel opgesloten."[10]

In Chris' pogingen om zijn bestaan uit te wissen, doorliep
zijn persoonlijkheid in volwassenheid een radicale verandering.
Hij verwierp zijn rijke middenklassenbestaan, zou zich tijdens
zomervakanties maandenlang opzettelijk uithongeren, stapte
uit de kapitalistische consumentenmaatschappij en doneerde al
zijn spaargeld aan een goed doel. Hij liep vaak op blote voeten
en identificeerde zich met slachtoffers van de Apartheid. In een
ultieme poging om zijn identiteit uit te wissen, verzon hij een
alter ego genaamd *Alexander Supertramp*. Op reis noemde hij
zich voortaan 'Alex'.

Chris' naamsverandering zette me aan het denken. Het viel
me op dat hij op zijn laatste reis onder andere Leo Tolstojs boek
Familiegeluk meesleurde. Het verhaal in dit boek, over een jonge vrouw die een oudere man trouwt en ondanks zijn rijkdom
uiteindelijk doodongelukkig wordt, is een overduidelijke ana-
logie voor het leven van Chris' eigen ouders. Wat verder opvalt,
is dat hij Tolstoj's levensstijl overnam: "Op de universiteit begon McCandless Tolstojs ascetisme en morele strengheid na te
doen in een mate die de mensen die hem goed kenden eerst ver-
baasde, en daarna alarmeerde."[11] Als Chris zich psychologisch
zo sterk met deze auteur identificeerde, zou het dan mogelijk
zijn dat het alter ego *Alexander S.* naar die andere beroemde
Russische schrijver met dezelfde initialen verwijst—*Aleksandr
Solzjenitsyn*?

Rusland beschuldigde Solzjenitsyn van propaganda en ver-
oordeelde hem tot acht jaar eenzame dwangarbeid in verscheidene werkkampen. Evenzo werkte Chris alias Alex Supertramp
sinds zijn verdwijning voor diverse slecht betaalde baantjes. Tussen werkperiodes door zou hij sterk verhongeren. Na zijn straf

uit te zitten werd Solzjenitsyn verbannen. Chris verbrak vrijwillig het contact met zijn ouders en verbande zichzelf naar Alaska. Solzjenitsyn maakte na zijn terugkeer faam met zijn boek over de Goelag archipel, maar ook Chris plande een succesvolle terugkeer. In de verlaten bus in Alaska liet hij een inscriptie achter dat hij zijn reis "zegevierend" wilde afsluiten.[12]

Het is duidelijk dat Chris zijn leven aan dat van Tolstoj, Solzjenitsyn en wellicht anderen spiegelde, waarschijnlijk in een wanhoopspoging om een nieuwe identiteit te creëren en daarmee de levenslange opdracht van zijn moeder te vervullen, die door zijn geboorte toch zo ongelukkig was geworden. Zijn depressie en vluchtdrang kwamen voort uit het schuldgevoel over zijn eigen geboorte, maar wat hij ook probeerde, hoe ver en hoe lang hij ook vluchtte, zijn geboorte kon hij er niet mee uitwissen. Ook een eventuele zelfmoord loste het probleem van zijn bestaan niet op: hij moest *herboren* worden. In Alaska schreef hij niet voor niets op de kaft van zijn dagboek: "Ik ben herboren. Dit is mijn dageraad. *Echt* leven is pas begonnen."[13] Op zijn eerste dag in de bus in Alaska kerfde hij in hout dat hij het "innerlijke valse wezen" wilde doden als climax van zijn "spirituele pelgrimstocht". Het "valse wezen", dat was het door zijn moeder gehate kind dat hij moest vernietigen.

Nadat het nieuws van zijn overleden zoon hem had bereikt, vroeg Chris' vader Walt zich af: "Hoe kan het [...] dat een kind met zoveel compassie zijn ouders zoveel pijn kon veroorzaken?"[14] Het interesseerde Walt dus niet waarom Chris *zichzelf* zoveel pijn deed. De tragiek van mishandelde kinderen is dat hun egocentrische ouders vaak niet tot inkeer zullen komen. Chris voorspelde de reactie van zijn vader: "[Mijn ouders] zullen nooit gaan veranderen, omdat ze nooit in staat zullen zijn om toe te geven dat zij het probleem zijn."[15] Hij verdween in de wildernis om zijn oude identiteit te doden en om geboorte te geven aan een nieuwe. Hij slaagde in zijn transformatie, maar overleefde het niet.

Chris' dood was het directe gevolg van de boodschap die zijn ouders hem een leven lang hadden gecommuniceerd. Het was een indirecte moord, het resultaat van psychologische schade waardoor hij in zijn zoektocht naar genezing risico's zou nemen die zijn leven in gevaar brachten. Dat is precies wat Walt en Billie hebben gedaan: ze hebben met jarenlang psychologisch, emotioneel en lichamelijk geweld hun zoon indirect tot zijn dood aangezet.

Carine merkt tot slot op:

> "We verwachtten niet dat onze ouders perfect waren, want dat waren [Chris en ik] zeker niet, maar we verwachtten wel dat we ze konden vertrouwen en dat we ons thuis veilig en geliefd konden voelen."[16]

Positieve waardering

Voorwaardelijke liefde belooft het kind liefde, maar laat het als de wortel voor een ezel voor zijn ogen bungelen tot het aan de juiste 'voorwaarden' voldoet. De voorwaardelijke liefde dreigt met "onttrekking van de liefde wanneer [het kind] niet gehoorzaamt", een machtsmiddel van de ouders om het kind gewenst gedrag te laten vertonen.[17] Als gevolg daarvan moet het kind zijn eigen persoonlijkheid ondergeschikt maken aan het ideaalbeeld van een ander. Sommige ouders leggen de lat echter zo hoog dat de liefde onbereikbaar wordt—een Tantaluskwelling.

De tegenhanger van de liefde onder voorwaarde, de *on*voorwaardelijke liefde, komt in twee verschillende varianten voor, die echter tegenovergestelde betekenissen hebben, namelijk de één in het voordeel van het kind, de ander in het voordeel van de ouder. De onvoorwaardelijke liefde van het kind aan de ouder is de religieuze variant van het katholieke Vierde Gebod die kritiekloze gehoorzaamheid predikt. In sommige Bijbelverhalen verlangt God bijvoorbeeld dat gelovigen bereid moeten zijn hun eigen kind te slachten.[18] Van het kind wordt verwacht dat het dit lot gewillig ondergaat.

Deze vorm van 'liefde' drijft ook de Japanse kamikazepiloot de dood in om daarmee zijn loyaliteit aan de militaire of maatschappelijke ouderfiguren te bewijzen. Zijn loyaliteit is helemaal geen liefde, maar geestelijke onderwerping. Met wat voor wereldbeeld groeien kinderen van kamikazepiloten op? Religieuze (of militaire, of politieke) leiders die dit principe veel beter begrijpen, misbruiken hun macht om zodoende de band tussen ouder en kind te verzwakken. Dan kunnen de autoritaire leiders—de profeten (of generaals, of ministers)—doen wat ze maar willen met de willoos gemaakte "kinderen van God".[19]

De andere variant, de onvoorwaardelijke liefde van de ouder die zijn kind te allen tijde steunt, vinden we terug in het principe van de *onvoorwaardelijke positieve waardering* uit de humanistische psychologie van grondlegger Carl Rogers.[20] Dat principe staat haaks op de ideeën van Sigmund Freud. In Rogers' begrip staat een gelijkwaardige relatie tussen ouder en kind centraal, waaraan het kind zich kan optrekken zonder aan enige voorwaarden voor die relatie te hoeven voldoen. Dit kind wordt geliefd voor wie het is, niet voor wat het doet of wat het de ouders oplevert. In plaats van het kind te straffen voor alles wat het fout doet, helpen zijn ouders het de wereld te ontdekken. Deze ouders trekken hun liefde ook niet in als het kind fouten maakt of ongewenst gedrag vertoont.

De wetenschap dat onvoorwaardelijk geliefde kinderen altijd op hun ouders kunnen rekenen, beschermt ze tegen negatieve gedachten over zichzelf en anderen, en daarmee zelfs tegen depressie en zelfmoord, omdat ze als tieners en volwassenen bij tegenslag altijd op dit kussen der liefde kunnen terugvallen. Alleen al de herinnering aan situaties waarin het kind onvoorwaardelijk werd geliefd, werkt als een vaccinatie tegen latere negatieve gedachten.[21] Liefde geeft mensen een beeld van zichzelf als intrinsiek waardevolle personen die liefde verdienen.

Kinderen als trofeeën

Antropoloog Elliott Leyton schreef een boek over kinderen en tieners die hun ouders vermoordden, getiteld *Enige overlevende*. Oudermoord komt zelden voor, zelfs minder vaak dan kindermoord door de ouders. Leyton ontdekte een eigenaardig verschil tussen jeugdige oudermoordenaars. Kinderen die één ouder vermoordden, kwamen in de regel uit de onderklasse, terwijl kinderen die beide ouders vermoordden uit de middenklasse kwamen. Waarom waren het juist de rijkere kinderen die *beide* ouders vermoordden?

Volgens Leyton onderwierpen vermoordde middenklassenouders hun kinderen vaker aan een hoge prestatiedruk. Uit angst voor verlies aan status of aanzien hadden de vermoordde middenklassenouders in bijna alle gevallen geprobeerd om via de levens van hun kinderen zelf op de sociale ladder te stijgen. Omdat zulke statusbewuste ouders met hun geld geen liefde konden kopen, probeerden ze met de prestaties van hun kinderen aandacht voor zichzelf te winnen. Ze zetten hun kind zwaar onder druk, want een kind dat naar een prestigieuze universiteit gaat, doet het 'beter' dan een kind dat naar een gewone universiteit gaat. In lijn met de ideologie van de maakbare samenleving probeerden ze hun kinderen in een gewenst eindproduct te kneden, ten koste van hun emotionele gezondheid.

Leyton vat in het voorwoord van zijn boek zijn kennis samen:

"[...] de volgorde van sociale gebeurtenissen die culmineert in [de moord op de ouders] begint vaak met ouders die het gevoel hebben dat ze in hun eigen sociale carrières zijn mislukt. Zulke ouders beginnen hun eigen intense angsten en sociale ambities op hun kinderen over te dragen. Op deze manier worden de kinderen verwacht 'correct' te presteren, zodat de familie kan stijgen op de sociale ladder en dus kan compenseren voor de mislukking van de ouders. Terwijl de ouders van hun kinderen volledige conformiteit eisen om de sociale stijging van de familie te garanderen, vernietigen ze het identiteitsgevoel van hun kinderen door ieder aspect van hun gedrag (hun scholen, hun vrienden, hun geplande carrières, zelfs hun kleding) te beheersen. Soms blijven de kinderen achter met het gevoel alsof ze bijna robots zijn, zonder enige vorm van onafhankelijkheid. Als de familie ook geweld—fysiek of verbaal—heeft gebruikt als een manier om oplossingen voor problemen af te dwingen, dan is de weg geëffend voor die paarse explosie. Dan vordert het kind zijn of haar identiteit en individualiteit terug door de wild ambitieuze familie, die het is gaan beschouwen als een alles wegvagende machine, te vernietigen."[22]

6

Het donker op de bodem van de ziel

Niets kan met recht een eenvoudig en dapper man
tot vulgair verdriet dwingen. Terwijl ik geniet van de
vriendschap van de seizoenen, vertrouw ik erop dat
niets het leven mij tot last kan maken.

—David Henry Thoreau
Walden[1]

We zijn allemaal wel eens gedeprimeerd, bijvoorbeeld na een overlijden in de familie of als we voor een examen zakken. Voor de meeste mensen is een lichte depressie van korte duur, maar slachtoffers van kindermishandeling kunnen een leven lang lijden aan negatieve gedachten over zichzelf, anderen en de wereld om hen heen. Zonder professionele hulp genezen zij niet. Mensen die aan een zware depressie lijden, kunnen proberen om de pijn te verdoven, bijvoorbeeld door veel te slapen om het dagelijks leven te vergeten; met drugs of alcohol om de pijn te verzachten; of door het leven te beëindigen om daarmee de bron van de pijn te verwijderen.[2]

Kinderen en tieners kunnen mishandelingen thuis vaak niet ontsnappen. Bovendien bezitten jonge mensen nog niet de emotionele buffervermogens om de gevolgen van hun zwaarste trauma's te kunnen verwerken. Juist daarom zien getraumatiseerde jongeren zelfmoord vaak als enige uitweg om hun pijn te ontvluchten.[3]

De ultieme zelfvernietiging

Mensen die aan depressie lijden, werden niet geboren met slechte genen, kwade driften of andere erfzonden, maar werden in veel gevallen depressief *gemaakt* door nadelige jeugdervaringen, waaronder lichamelijke, seksuele, psychologische, emotionele of verbale mishandelingen, in veel gevallen door de eigen ouders.[4] De psychische problemen die depressie veroorzaken, manifesteren zich niet direct in de kindheid, maar pas wanneer kinderen tieners en volwassenen zijn geworden.

Mishandelde kinderen blijven vaak een leven lang geloven in het hen gecommuniceerde negatieve zelfbeeld.[5] Lichamelijk of emotioneel geweld communiceert de ontvanger dat hij een minderwaardig mens is die geen liefde, maar "voor zijn eigen bestwil" pijn zou verdienen.

De ACE-studie naar de langetermijneffecten van traumatische jeugdervaringen bevestigt een sterk verband tussen het aantal typen mishandeling waar iemand als kind aan blootstond en de kans op depressie en zelfmoord in volwassenheid. De resultaten zijn schokkend. Mensen met een ACE-score van vier of meer, dus mensen die slachtoffer werden van vier of meer typen mishandeling (zie **Appendix**), hebben gedurende hun hele leven 460 procent meer kans op depressie en 1220 procent meer kans om een zelfmoordpoging te wagen. Mensen met ACE-scores van zes en hoger hebben zelfs 51 keer meer kans om zichzelf van het leven te beroven dan mensen met een score van nul.[6] Van alle mensen met een ACE-score van zeven of hoger probeerde zelfs één op drie wel eens zelfmoord te plegen.[7]

Kindermishandeling blijkt de hoofdoorzaak van veel zelf-moordpogingen later in het leven: bijna driekwart van alle mensen die ooit een zelfmoordpoging waagden, groeide als kind op in een dysfunctioneel huishouden.[8] Omdat als kind mishandelde mensen later weinig positieve herinneringen aan hun jeugd hebben overgehouden om op terug te kunnen vallen, raken ze bij nieuwe tegenslagen verstrikt in een neerwaartse spiraal van negatieve gedachten. Het zijn in bijna alle gevallen niet de lichamelijke, maar veeleer de emotionele klappen uit de jeugd, "het instabiele en onvoorspelbare gedrag van de verzorger", die psychische klachten of gedragsstoornissen veroorzaken.[9]

Omdat het misbruik plaatsvindt tijdens de vormende jaren van de kinder- en tienerhersenen, veroorzaakt kindermishandeling blijvende schade aan de hersenontwikkeling.[10] Daardoor is het zo moeilijk om als volwassene van depressie te genezen, omdat genezing alleen mogelijk is door positieve levenservaringen te verzamelen, die nieuwe hersenzenuwverbanden leggen en een aangeleerd negatief zelfbeeld kunnen corrigeren. Dat betekent dat depressieve mensen voor hun genezing voor een groot deel afhankelijk zijn van de steun en waardering die de sociale omgeving hen bereid is te geven. De beste stap die depressieve mensen zelf kunnen zetten, is een andere omgeving op te zoeken en voor hen schadelijke mensen te leren herkennen en vermijden.

Op basis van mij beschikbare biografieën concludeer ik dat bijvoorbeeld Anders Breivik, de massamoordenaar van Utøya, een ACE-score van zeven heeft;[11] Christopher McCandless, die in Alaska verdween, scoort zeven punten;[12] en Adolf Hitler, de dictator van het Derde Rijk, heeft eveneens zeven punten.[13] Allen werden ze in hun jeugd zwaar mishandeld.

Voor de duidelijkheid: een koe is een dier, maar niet alle dieren zijn koeien. Een hoge ACE-score betekent dus niet dat iemand automatisch een massamoordenaar zal worden, maar wel is het zo dat alle massamoordenaars een hoge ACE-score

hebben. Een onschuldig kind verandert nu eenmaal niet van-
zelf in een tiran. De score is een kwalitatieve meetwaarde, wat
betekent dat die niets zegt over het aantal klappen of de duur
van het geweld. Desondanks heeft de score een voorspellende
waarde voor lichamelijke en psychische klachten later in het leven. Het geheel is meer dan de som der delen: de vernietigende
kracht van kindermishandeling ligt in de opeenstapeling van
meerdere typen misbruik.[14]

Vier mechanismen

Uit eigen ervaring stelde ik vier mechanismen vast die een mens
tot depressie en zelfmoord kunnen drijven. De vier mechanismen zijn ten eerste de onderdrukking van iemands persoonlijkheid, individualiteit en zijn gevoelens, alsmede de verdringing
van herinneringen daaraan; ten tweede het vasthouden aan de
onveranderlijkheid van de toekomst en de wereld om iemand
heen; ten derde het valse geloof in een negatief zelfbeeld; en ten
vierde de onmogelijkheid om zichzelf op andere manieren dan
door zelfdoding te vernietigen. De eerste drie mechanismen
vormen de randvoorwaarden voor langdurige depressie, terwijl
het vierde mechanisme de inwaartse of uitwaartse manifestatie-
vorm bepaalt.

Het eerste mechanisme, de onderdrukking en verdringing
van iemands persoonlijkheid, gevoelens en herinneringen, ontstaat als zelfverdedigingsmechanisme tegen de pijn, vernederingen en andere (emotionele) mishandelingen waartegen de ontvanger zich niet kan weren. Als gevolg van de onderdrukking
van gevoelswereld kunnen mensen hun trauma's niet uiten, wat
verwerking onmogelijk maakt. De verdringing van de herinneringen aan het trauma blokkeert de latere gewaarwording van
de ware oorzaken van iemands pijn. Daardoor zullen deze men-

sen onterecht gaan denken dat er iets mis is met henzelf, alsof ze zo zijn geboren of dat ze van nature slecht zijn en hun lot verdienen.

Het tweede mechanisme, het vasthouden aan de onveranderlijkheid van de wereld om iemand heen, houdt mensen gevangen in een sociale omgeving waaruit ze niet denken te kunnen ontsnappen. De ellende van vandaag zal er morgen wéér zijn, maar zolang mensen geloven dat het leven "is zoals het is", zullen ze überhaupt niets ondernemen om zich uit een vervelende situatie te bevrijden. Dit hardnekkige geloof in de onveranderlijkheid der dingen is eigenlijk het resultaat van een gebroken wil. Deze mensen nemen geen initiatief, omdat ze in alles de toestemming van een ander persoon afwachten.

Het derde mechanisme, het valse geloof in een negatief zelfbeeld, is het gevolg van de negatieve boodschappen die onze opvoeders ons communiceerden. Dat gebeurt met lichamelijk geweld, maar vooral door emotioneel en verbaal geweld. Mensen met een negatief zelfbeeld leren onbewust niet alleen te voldoen aan lage verwachtingen die ze van zichzelf hebben, maar schikken zich ook in de lage verwachtingen die anderen over hen hebben. Daardoor houden ze veel langer vast aan sociale contacten met negatieve mensen die hen schaden in plaats van deze contacten te verbreken.

De eerste drie mechanismen sluiten het net. Een getraumatiseerd mens heeft dan geen mogelijkheid meer om een depressie op eigen kracht te genezen. Deze depressieve mensen geloven dat ze van nature slecht zijn, dat ze een slechte behandeling verdienen, dat het hun eigen schuld is en dat er niets in de wereld is wat de stand der sterren in hun voordeel zal doen veranderen. Maar om een depressief mens tot zelfmoord te drijven, moet nog het vierde mechanisme in werking treden: de blokkade van verdovingsmechanismen zoals bijvoorbeeld door alcohol, drugs of slaap, zodat de enige overgebleven weg uit depressie de zelfdoding is of, in extremere gevallen, een daad van vernietiging jegens anderen.

7

Hel op aarde

Iemand gelooft dingen, omdat hij is geconditioneerd
ze te geloven.

—Aldous Huxley
Heerlijke nieuwe wereld[1]

De dodelijke aanslagen die Amerikaanse tieners op hun
klasgenoten pleegden, zoals Kip Kinkel op Thurston
High School, en Eric Harris en Dylan Klebold op Columbine, schokten velen in de westerse wereld en daarbuiten.
Na zulke tragedies komen we via de media alle details over de
levens van de schutters te weten, maar de ware motieven, en ook
de ware oorzaken voor die motieven, blijven vaak angstvallig
verborgen. Opiniemakers misbruiken dergelijke schoolaansla-
gen enkel om hun politieke voor- of afkeur over bijvoorbeeld
de wapenindustrie, geweld op televisie of gewelddadige computerspellen uit te spreken. Het ware verhaal verdwijnt onder een
berg speculatie.

Uit onderzoek blijkt echter dat alle, niet sommige, niet vele,
maar álle jonge schoolschutters een geschiedenis van kindermishandeling in zich meedragen.[2] Het is niet zo dat mishandelde kinderen allemaal moordenaars zullen worden, maar wel zijn
alle schoolmoordenaars als kind mishandeld.

Geweld in de media

Na ieder bloedbad zoeken media en bevolking naar vereen-
voudigde antwoorden. In plaats van naar diepere oorzaken te
zoeken, leggen we de schuld bijvoorbeeld bij wapenwetgeving,
gewelddadige computerspellen, duivelse popmuziek, liefdes-
verdriet of de verrechtsing van de samenleving, maar het gegeven dat honderden miljoenen mensen dagelijks aan deze zaken
worden blootgesteld zonder ooit in moordenaars te veranderen,
weerlegt het argument dat mensen daardoor gewelddadig worden. De boekenseries *In de ban van de ring* of *Harry Potter*
gaan immers ook over haatdragende tovenaars die complete
volkeren willen uitroeien. Desondanks besluit geen enkele fan
van deze reeksen om jarenlang een massamoord op onschuldige mensen voor te bereiden en uit te voeren. Als gewelddadige
boeken jongeren dus niet in moordenaars veranderen, waarom
zouden computerspellen dat dan wel doen?

Zelfs al zou geweld op internet mensen in massamoordenaars kunnen veranderen, waarom heeft dit effect van alle miljoenen gebruikers dan uitsluitend bij een handjevol van hen gewerkt? In werkelijkheid overschatten we de overtuigingskracht
van beeld en geluid. Een moslimgeleerde die voor studie bijvoorbeeld de Bijbel leest, verandert niet plots in een christen.
Een bedrijfsleider die uit interesse *Het Kapitaal* van Karl Marx
leest, staat de volgende ochtend niet op als overtuigd socialist.
Evenmin verandert een "onschuldige en verlegen jonge jongen
in een ijskoud monster" enkel na het lezen van rechtse samen-
zweringstheorieën.[3]

Wel kunnen kwaadwillende mensen inspiratie putten uit
diverse mediabronnen. Inspiratiebronnen zijn echter nooit de
oorzaak van de haatvolle emoties die aan de voet van terreur
liggen. De strijders van de Islamitische Staat in Irak en Syrië
beroepen zich bijvoorbeeld op geboden uit de Koran, die zij

als rechtvaardiging voor hun terroristische daden lezen, maar de teksten waren nooit veroorzaker van hun emotionele haat. Die haatvolle emoties hebben een andere oorzaak. Ligt het niet voor de hand dat terroristen, jihadisten, massamoordenaars, schoolschutters en dictators allen uit gebroken gezinnen komen en dat ze als jonge kinderen zelf met onmenselijk geweld tegen hun ziel werden geconfronteerd?

Haat wordt gezaaid in de akkers van verwoeste kinderzielen. De enige manier om geweld te leren, is door het geweld eerst zelf als slachtoffer te ervaren. "Pas bij de volwassenen leert het ongeliefde kind te haten," begreep psychoanalytica Alice Miller.[4] Het is volgens haar niet mogelijk dat geliefde kinderen geweld overnemen door bijvoorbeeld enkel naar geweld op televisie te kijken:

"Vaak vragen ongeruste ouders of kinderen wreedheid niet door televisieprogramma's leren. Ik denk dat een kind dat geen opgehoopte woede in zich draagt geen interesse voor gewelddadige en sadistische televisieprogramma's zal tonen. De gewelddadige films zullen echter gulzig worden opgenomen door kinderen die zich thuis nooit mochten weren tegen grove of subtiele kwellingen, of die hun gevoelens om andere redenen nooit konden uiten, bijvoorbeeld om een bedreigde ouder te sparen. Hun geheime wraakwensen kunnen ze dan voor het beeldscherm identificerend bevredigen."[5]

Niet geweld in de media maakt mensen gewelddadig, maar gewelddadige mensen consumeren (en produceren) gewelddadige media. We moeten dus op zoek gaan naar die ware oorzaken voor het ontstaan van gewelddadige gevoelens—en die liggen altijd in de persoonlijke ervaringssfeer van een mens.

Thurston High School

Op 21 mei 1998 schoot de vijftienjarige Kip Kinkel zijn beide ouders dood. Hij reed per auto door naar zijn school en opende het vuur op zijn klasgenoten. Voordat de politie hem overmeesterde, doodde hij twee leerlingen en verwondde er 25. De zoektocht naar zijn ware motieven begint met de afscheidsbrief die hij na de moord op zijn ouders achterliet: "Ik ben een verschrikkelijke zoon. Ik wilde dat ik geaborteerd was. Ik maak alles kapot wat ik aanraak. Ik kan niet eten. Ik kan niet slapen. Ik verdiende [mijn ouders] niet."[6] Klaarblijkelijk voelde hij zich al ver voor zijn geweldsuitbarsting een uitzonderlijk minderwaardig mens, maar waarom?

Kip leed onder de onophoudelijke prestatiedwang van zijn vader, die zijn zoon tot een succesvolle tennisatleet en academische superster wilde omvormen door hem dagelijks te conditioneren. Hij zou zijn zoon bijna iedere dag bekritiseren om zijn fouten, zijn verachting over Kips slechte prestaties uitspreken of zijn zoon de huid volschelden wanneer het Kip niet lukte aan het door zijn vader gewenste ideaalbeeld te voldoen. Ondanks zijn hoge IQ worstelde Kip met een vorm van dyslexie en had daardoor leerproblemen.[7] Zijn moeder zag voor haarzelf derhalve een taak weggelegd om hem tot 's avonds laat urenlang bijlessen te geven. Ze raakte daar zelf zo vermoeid van dat collega's van haar werk haar adviseerden om ermee te stoppen.[8] Kips moeder hield echter vol en ontnam daarmee al zijn vrije tijd.

Kip leefde als lijfeigene in het regime van twee onderdrukkende ouders. Ondanks dat ze alles in werking stelden om Kip te 'verbeteren', hielp niets. Hij kon simpelweg niet de jongen worden die zijn ouders wilden dat hij was. Carol Anne Davis onderzocht de zaak Kinkel in haar boek *Kinderen die doden* en komt tot een verhelderend inzicht:

"Relatief rijke kinderen zoals Kip worden door velen als fortuinlijk gezien—maar de realiteit is dat wanneer hun families hen tot zondebok maken niemand tussenbeide komt. Uiteindelijk breekt het kind onder de druk en wordt gek, en op dit punt zweren het medische systeem en de ouders met elkaar samen om te zeggen dat de gekte al in het kind zat. Als hij of zij in plaats daarvan—of later—slecht wordt, dan verschijnt de lange arm van de wet op het toneel om het kind zijn veronderstelde slechtheid te vinden. Niemand kijkt naar de ware oorzaak."[9]

Niemand kijkt naar de ware oorzaak. Kip leed zo erg onder de vernederingen door zijn ouders dat hij als tiener meerdere psychische stoornissen ontwikkelde, waaronder het horen van stemmen in zijn hoofd. Op aandringen van zijn moeder ging hij daarop in therapie. Psycholoog Jeffrey Hicks beschrijft de sessie waarin Kip, voor het eerst in zijn leven, een volwassene zijn kant van het verhaal durft te geven:

"[Kip] meldde dat zijn moeder hem ziet als een 'goede jongen met wat slechte gewoonten' terwijl zijn vader hem ziet als 'een slechte jongen met slechte gewoonten.' [...] Wanneer gevraagd met wie hij over zijn persoonlijke problemen kan praten, noemt hij zijn vrienden en, in mindere mate, zijn moeder. Hij kan zijn gevoelens niet met zijn vader bespreken uit angst dat [zijn vader] kwaad op hem wordt. Hij heeft het gevoel dat hij weinig met zijn ouders gemeen heeft en vindt het moeilijk om met hen te praten."[10]

Inderdaad had Kip niets met zijn ouders gemeen: zij waren strebers op zoek naar sociale status, terwijl hij volgens zijn oudere zus een zachtaardige, gevoelige jongen was.[11]

Het idee dat mensen ter wereld komen als *tabula rasa*, als ongeschreven blad dat maatschappij en opvoeders naar hun evenbeeld kunnen inkleuren, klopt gewoonweg niet. We kunnen onze persoonlijke entertainmentcultuur, eetgewoonten of kunstvoorliefde vrij kiezen, maar de persoonlijkheden van mensen kunnen we niet in een gewenst eindresultaat kneden zonder grove schade aan te richten. Wat menselijke waarde aangaat, is de idee van de maakbare mens, en dus van het maakbare kind, de meest verwoestende ideologie in onze tijd.

Tijdens de rechtszaak tegen Kip verklaarden vier psychologen onafhankelijk van elkaar over de moeizame relatie die hij met zijn ouders had. Uit alles blijkt dat hij in constante angst leefde om fouten te maken—op school, bij het sporten, thuis—omdat het zijn ouders telkens ontzettend boos maakte. Ze lieten geen kans onbenut om zijn karakter, zijn ware zelf, af te wijzen. Kip verwoordde zijn dagelijkse realiteit als volgt:

"We stopten bij de Burger King op weg naar huis, en we bestelden twee Whoppers. We gingen zitten. Mijn vader zei tegen me, 'ik walg van je,' en hij stond op en liep naar de auto om zijn hamburger te eten. 'Ik kon niet eten omdat de stemmen [in mijn hoofd] waren begonnen. Ik zat daar maar. Ik gooide de Whopper weg en begon naar buiten te lopen, maar toen realiseerde ik me dat er te weinig tijd was geweest om hem te hebben opgegeten. En dus ging ik een tijdje naar de wc's voordat ik terugging naar de auto. Ik wilde niet dat mijn vader tegen me zou schreeuwen vanwege het niet opeten van de Whopper, geld te verspillen.'"[12]

Kip internaliseerde zijn vaders boodschap dat hij een walgelijke zoon zou zijn die zijn superieur begaafde en sportieve ouders met zijn minderwaardige bestaan teleurstelde. De enige kans die hem overbleef om aan de voorwaardelijke liefde van zijn ouders te voldoen, was door het monster te worden waar zijn ouders hem van beschuldigden dat hij was. Kip doodde zijn ouders uit wraak om zich te verdedigen tegen de onophoudelijke aanslag op zijn persoonlijkheid.

Dat is geen argument voor vrijspraak noch een rechtvaardiging voor Kips gruweldaden, maar de maatschappij mag niet langer ontkennen dat jongens als Kip Kinkel, voordat ze ontspoorden, eerst door hun eigen ouders tot existentiële wanhoop werden gedreven.

Columbine High School

Op 20 april 1999 vielen Eric Harris en Dylan Klebold hun school aan. De achttienjarigen waren zwaar bewapend met geweren, bommen en genoeg munitie om een bloedbad aan te richten. Hun daden werden breed uitgemeten door de media, maar in plaats van naar diepere oorzaken te zoeken, kreeg weer de consumptiecultuur de schuld. De journaals en de kranten wezen naar de makers van gewelddadige computerspellen, de pestcultuur op school of de rockmuziek van Maryllin Manson. In zijn film *Bowling for Columbine* zou regisseur Michael Moore een verband aantonen tussen de aanslag en de Amerikaanse wapencultuur.

Geen van de critici onderzocht echter de vroege levens van Eric en Dylan, op oppervlakkige conclusies na. Eric zou een geboren psychopaat zijn geweest die de introverte meeloper Dylan in zijn ondergang had meegesleurd. Dat leek me de grootste onzin. Ik geloofde ook niet dat pesten op school Eric en Dylan tot hun daden dreef. Uit eigen ervaring wist ik dat deze jongens emotioneel zwaar getraumatiseerd moesten zijn. Om mijn hypothese te bewijzen, dook ik in de tienduizenden pagina's politieonderzoek die Jefferson County in 2007 beschikbaar maakte. In de berg informatie alsmede in de persoonlijke dagboeken van de jongens vond ik een aantal sterke aanwijzingen dat Eric en Dylan beide gebukt gingen onder verzwegen jeugdtrauma's.

Voor het doel van dit hoofdstuk onderzoek ik het leven van Eric Harris. Net als miljoenen andere tieners groeide Eric op in de Europees-Amerikaanse consumptiecultuur die de jaren tachtig en negentig kenmerkte. Hij speelde populaire computerspellen als *Doom*, *Quake* en *Duke Nukem*, luisterde naar muziek van Duitse rockbandjes als *Rammstein* en *KMFDM*, en hij keek Hollywood-films als *The Fifth Element* en *Event Horizon*. Ook las hij veel, waaronder de werken van Nietzsche, boeken over de nazicultuur van het Derde Rijk en *Helter Skelter* van massamoordenaar Charles Manson, maar anderzijds las hij ook Goethe, Shakespeare en Victor Hugo's *Les Misérables*. Op basis van deze informatie kunnen we dus niet concluderen dat Nietzsche meer invloed op Erics denken zou hebben gehad dan bijvoorbeeld Shakespeare.

Behalve veel lezen, schreef Eric graag. De Engelse les van meneer Webb gold als zijn favoriete; hij leverde vele opdrachten in en leek serieus geïnteresseerd in de diepere lagen der literatuur. In zijn persoonlijke schrijfsels liet hij talloze aanwijzingen achter die iets over zijn ware motieven voor de aanslag verraadden, maar die nog nauwelijks werden opgemerkt. In zijn dagboek geeft Eric een hint: "Ik denk dat mensen meer moeten leren over waar ze naar luisteren. Ze zouden echt datgene moeten HOREN waarnaar ze iedere dag luisteren."[13] Eenzelfde sentiment herhaalt hij in een begeleidende tekst voor één van zijn ontwerpen voor een computerspel: "Iemand zou een boek kunnen schrijven over alle symboliek en dubbele betekenissen die in deze levels worden gebruikt."[14] Hij lijkt te suggereren dat we dieper moeten graven naar zijn ware drijfveren.

Sommigen classificeerden Eric als 'klassieke' psychopaat. Dat etiket levert twee problemen op. Ten eerste betekent het etiket voor velen dat psychopaten van geboorte slecht of gek zouden zijn. In dat geval hoeven we eigenlijk niet verder te zoeken naar motieven. Met iemand een psychopaat noemen, bedoelen we dat ze geen echte mensen zijn en ze dus geen menselijke motieven voor hun daden kunnen bezitten. Hier kijkt het Freudiaanse wereldbeeld weer om de hoek dat mensen van kwade driften beschuldigt. Die houding zegt meer over onszelf dan over vermeende psychopaten.

Ten tweede bestond er lange tijd helemaal geen definitie van psychopathie, totdat deze werd opgenomen in het vijfde deel van het gezaghebbende handboek voor geestelijke stoornissen, de DSM-5. In dat handboek heet psychopathie een persoonlijkheidsstoornis, maar in de eerdere DSM-4 uit Erics tijd kwam de aandoening niet voor. Degenen die Eric destijds een psychopaat noemden, deden dat dus niet op basis van medische kenmerken.

In zijn boek *Columbine* gebruikt journalist Dave Cullen de term psychopaat bijvoorbeeld om Erics gedrag te verklaren. Over het moment dat Eric en Dylan vanuit het schoolgebouw op agenten buiten begonnen te schieten, concludeert Cullen: "Een in het nauw gedreven psychopaat zal vaak proberen zelfmoord te plegen door zich door een agent te laten neerschieten."[15] Dat zal wel, en psychopaten drinken ook wel eens water, maar dat heeft niks met elkaar te maken. In werkelijkheid liet Eric zich inspireren door zijn favoriete film, *Natural Born Killers*, over een als kind misbruikt liefdeskoppel dat zwaar bewapend wraak neemt op de samenleving. In de film schiet protagonist Mickey zich een weg uit de gevangenis: "Ten ondergaan in een kogelregen, en dan zullen we vrij zijn."[16] Eric speelde een filmscène na, maar dat bewijst geen psychopathie.

Psycholoog Dwight Fuselier concludeerde op basis van Erics dagboeken dat hij een psychopaat moest zijn, omdat hij in zijn teksten een patroon van "grootheidswaan, verachting, en gebrek aan empathie of wroeging" vertoonde.[17] Dat klopt, maar

Fuselier baseert zich bijvoorbeeld op teksten als: "Hoe durf je te denken dat ik en jij onderdeel van dezelfde soort zijn, als we zo verschillend zijn."[18] Die tekst is echter weer een citaat uit de mond van Mickey uit *Natural Born Killers*: "Jij en ik zijn niet eens dezelfde soort."[19] Zulke verwijzingen bewijzen dat Eric filmcitaten uit zijn hoofd kon leren, maar niet dat hij een psychopaat was.

Professor Aubrey Immelman kwam na onderzoek tot een iets zinvollere conclusie. Hij noemde Eric een boosaardige narcist, kwaadaardig antisociaal, paranoïde en vol ongeremde agressie.[20] Natuurlijk had een jongen als Eric Harris een zwaar verstoorde psyche, maar in plaats van ons bij die conclusie neer te leggen, moeten we uitzoeken wat die verstoring in eerste plaats heeft veroorzaakt. Het helpt niet om iemand gek te noemen zonder naar de oorzaken van die gekte te kijken.

Ander bewijsmateriaal toont Erics menselijke kant. Na de aanslagen vond de politie een aantal videotapes die de schutters in de dagen voor hun daden hadden opgenomen, de zogeheten *Basement Tapes*. Die tapes werden nooit vrijgegeven. Ze liggen verstopt in een kluis, maar enkelen mochten de banden eenmalig bekijken. Op die tapes zou bijvoorbeeld te zien zijn hoe Eric met de camera op het dashboard van zijn auto door de stad rijdt. Hij betuigt spijt aan zijn vrienden voor wat hij van plan is te gaan doen en evalueert zijn aanstaande dood: "Het is een vreemd gevoel om te weten dat je over tweeënhalve week dood zult zijn."[21] Dan begint hij te huilen en zet de camera uit.

Is dat het gedrag van een klassieke psychopaat, of dat van een getraumatiseerd kind dat geen andere uitweg vond voor zware psychische problemen met diepere oorzaken? Aangezien mensen niet met psychische stoornissen worden geboren, moeten we de oorzaken voor zijn conditie in eerdere levenservaringen zoeken.[22] Waar ging het mis?

Een eerste aanwijzing voor verborgen problemen is dat het gezin Harris veelvuldig verhuisde voordat ze zich in Littleton, Colorado vestigden. In zijn vroege jeugd verhuisde Eric soms meerdere keren per jaar, omdat zijn vader Wayne als testpiloot voor de luchtmacht werkte. Volgens de ACE-studie naar de gevolgen van nadelige jeugdervaringen verraden vele verhuizingen een mogelijk dysfunctioneel gezin.[23] Veel verhuizen "versterkt bestaande familieproblemen", waardoor de kans op de aanwezigheid van andere nadelige jeugdervaringen groter is, maar het kan andersom ook een gevolg van diepere problemen zijn.[24] In een schoolessay beschrijft Eric zijn gevoelens over het vele verhuizen:

> "Het duurt niet lang om een vriend te maken, maar er zijn slechts [drie] woorden nodig om er een te verliezen: 'We gaan verhuizen.' Een vriend verliezen is het ergste wat iemand kan overkomen. De herinneringen blijven bij je, de vriend niet. En iedere keer dat ik er een verloor, doorstond ik de ergste dagen van mijn leven."[25]

Andere aanwijzingen liggen in Erics jeugdherinneringen. Als kind speelde hij met zijn speelvriendjes opvallend veel 'oorlogsmissies'. Soms woonde hij met zijn ouders enkele maanden op een militaire basis. Dan sijpelde de militaire realiteit in Erics wereld door. Als kinderen ging hij met zijn broer bijvoorbeeld op jacht naar ingebeelde vijandelijke troepen en stopten ze denkbeeldige invasies van hun territorium: "Het lijkt zo levendig, ons vechten, en zo echt."[26] Het thema gevechtssimulaties vormt een rode draad in zijn denken en doen als kind. Op zijn veertiende organiseerde hij een paintball gevecht tegen een rivaliserend vriendengroepje. Ze gingen de 'vijand' met vuurwerkrotjes te lijf om ze weg te jagen.[27]

Voor Eric blijft het echter niet bij kinderspel. Hij zet de denkbeeldige gevechten uit zijn kindertijd door in zijn tiener-jaren, gaat daarbij een stap verder en begint te experimenteren met explosieven en vuurwapens. Samen met Dylan Klebold zou hij nieuwe missies uitvoeren. Ze braken onder andere een be-stelbusje open om goederen te stelen en brachten pijpbommen in buurttuinen ter ontploffing. Niet de buurtkinderen, maar de buurtbewoners waren nu de 'vijand'. Hij plande deze missies tot in detail.

Met de komst van het internet verplaatste Eric zijn buiten-activiteiten qua ureninvestering grotendeels naar de computer. Zodra de computerspellen *Doom* en later *Doom II* uitkwamen, stortte hij zich op computermissies. Daarvoor leerde hij zich-zelf spellevels ontwerpen. Met zijn talenten creëerde hij virtuele werelden van geweld waarin hij zelf de almachtige verwoester speelde. Één van zijn spelprojecten waar hij een jaar aan werkte, *Tier*, noemde hij zijn levenswerk.[28]

Erics ontwikkeling van gewelddadige buitenspelletjes naar gewelddadige computerspellen binnenshuis bewijst dat de com-puterspellen hem *niet* gewelddadig hebben gemaakt. Eerst uitte hij zijn woede in kinderlijk 'oorlogje spelen', later in gevechts-missies samen met Dylan in de vorm van jeugdcriminaliteit en pas daarna in computerspellen. Eric was dus al eerder in zijn leven gewelddadig geworden. In zijn zoektocht naar geweldssi-mulaties vond hij in de computerspellen slechts een nieuwe ui-tingsmogelijkheid, een plek om de woede die hij al van kinds af aan in zich meedroeg af te reageren. De bron van Erics haat kan dus niet in gewelddadige media hebben gelegen. De critici die beweren dat geweld in de media jongens gewelddadig maakt, verwarren oorzaak met gevolg.

Om de ware bron van Erics agressie te vinden, moeten we verder zoeken. Een ander relevant gegeven is dat Eric met een ingezakte borstkas ter wereld kwam, *pectus excavatum*.[29] Als tiener onderging hij, mogelijk op aandringen van zijn ouders, tot tweemaal toe een operatie om zijn borstkas op te krikken. Die operaties vonden in 1993 en 1994 plaats, aan het begin van zijn middelbare schoolcarrière. Volgens onderzoek verbeteren zulke operaties in ieder geval op de korte termijn het zelfbeeld van de patiënt.[30] De vraag is of dat bij Eric heeft gewerkt. Slechts een enkele keer maakte vader Wayne melding dat Eric "zelfbewust" was geweest over zijn operaties, zonder verdere details vrij te geven.[31] Voor een schoolopdracht schreef Eric erover:

"Ik heb veel ervaringen gehad waarbij me iets werd ontnomen dat ik iedere dag gebruik. Zoals toen ik een operatie aan mijn borstkas had. Toen ik terugkwam uit het ziekenhuis kon ik niets doen waarbij het gebruik van mijn borstspieren betrokken was. Dit betekende dat ik zelfs nauwelijks kon lachen. Ik leerde toen hoeveel dingen ik voor lief nam."[32]

Ondanks zijn correctieve operatie, schaadde Erics borstkasafwijking hem in psychologisch opzicht op een aantal manieren. De eerste was onvermijdelijk. Kinderen worden zich in de pubertijd bewuster van hun lichaam, maar Eric moest met zijn aandoening leren leven. In de groeispurt van de pubertijd groeit dit type borstkasafwijking bovendien scheef en verergert daardoor het zichtbare probleem. Zijn klasgenoten zouden hem in de kleedkamers van de gymles erom uitlachen. Ook na zijn operaties hield hij in de kleedkamers zijn shirt aan, omdat de aandoening zichtbaar bleef.[33] Het schaadde zijn zelfbeeld.

De ingezakte borstkas deed hem op een tweede manier pijn, omdat hij niet kon voldoen aan het atletische manbeeld dat zijn militaire vader van hem verwachtte. Zijn oudere broer was een atleet en ging het leger in, maar gezien Erics lichaamsbouw was hij verre van atletisch. Hij was bovendien een gevoelige jongen die liever toneelstukken van Shakespeare en filosofie van Nietzsche las. Zijn aangeboren onvermogen om zijn vader tevreden te stellen, schaadde het vertrouwen in zijn eigen kunnen.

De aandoening berokkende op een derde manier schade, omdat Eric zich psychologisch waarschijnlijk identificeerde als een minderwaardig of misvormd mens. Dat laat hij in zijn schrijfsels duidelijk merken. Eric verwijst enkele keren naar Caliban, de misvormde zoon van de heks Sycorax uit Shakespeare's *De storm*.[34] In zijn taakplanner citeert hij: "Goede baarmoeders gebaren slechte zonen."[35] Zonder twijfel bedoelde hij zichzelf. En in een schoolwerkstuk over de nazicultuur van het Derde Rijk noteert hij:

> "Vrouwen die veel miskramen hadden, of die misvormde, zieke of ziekelijke kinderen ter wereld brachten, werden als minderwaardig beschouwd. [...] Zij mochten niet meedoen in de politiek noch de strijdkrachten dienen."[36]

Het is opvallend dat Eric in dit citaat de strijdkrachten opnoemt. Hij solliciteerde namelijk zelf voor een carrière bij de mariniers—ongetwijfeld om aan het door zijn vader gewenste beeld te voldoen—maar werd onder andere vanwege zijn borstkasaandoening afgewezen.[37] Net als de nazi's roept Eric in zijn dagboek op tot het toepassen van natuurlijke selectie om minderwaardige mensen de wereld uit te helpen, maar hij moet zich er bewust van zijn geweest dat hij daarmee gezien zijn aandoening ook zichzelf bedoelde.[38] Eric geloofde dat hij vanwege zijn fysieke gebreken een bijzonder minderwaardig mens moest zijn.

Op een andere plek verwijst hij mogelijk naar de relatie met zijn vader. In zijn agenda noteert hij: "Erlkönig uit het hoofd leren."[39] *Erlkönig* is de titel van een gedicht van Goethe over een vader die met zijn zoontje in de armen te paard naar huis snelt. Het jongentje jammert tijdens de rit meermaals van de angst, ellende en pijn die hij zegt te voelen, maar telkens sust de vader hem dat er heus niets aan de hand is. De jongen blijft maar proberen om zijn vader te overtuigen, maar de vader gelooft hem telkens niet. Pas wanneer het kind bij thuiskomst blijkt te zijn overleden, realiseert de vader dat de pijn écht was. De vader uit het gedicht wilde niet naar zijn zoon luisteren en ontkende zijn gevoelswereld—herkende Eric daarin zijn eigen vader?

In zijn dagboek maakte hij de onderdrukking van gevoelens niet verwonderlijk tot hoofdthema: "De menselijke natuur wordt in de kiem gesmoord door de maatschappij, banen, en werk en school. Instincten worden uitgewist door wetten."[40] Hij beklaagde zich over scholen als robotfabrieken die leerlingen volgens hem tot gehoorzame arbeiders klaarstomen. Wat telkens in Erics schrijven aan de oppervlakte komt, is zijn verwerping van autoriteiten die de instincten en persoonlijkheden van mensen onderdrukken. Projecteerde Eric zijn eigen onderdrukte thuissituatie op de wereld om zich heen?

Een enkele keer geeft hij ouders mede de schuld van deze onderdrukkingen: "De maatschappij probeert iedereen hetzelfde te laten gedragen door alle menselijke natuur en instincten te begraven. Dat is wat school, wetten, banen en ouders doen. Of ze het doorhebben of niet."[41] Een soortgelijke beschuldiging aan het adres van zijn ouders uit hij nonchalant in de *Basement Tapes*: "Mijn ouders zullen vast wat fouten gemaakt hebben waar ze niet echt bewust van waren."[42] Het is inderdaad de vraag of onderdrukkende ouders zelf doorhebben wat ze hun kinderen aandoen.

In een zeldzaam gesprek met de ouders van Daniel Mauser, één van de slachtoffers van de aanslag, brachten de Mausers het onderwerp kindermishandeling ter sprake. Erics ouders, Wayne en Kathy, beweerden stellig dat ze hun zoon nooit hadden geslagen of wreed tegen hem waren geweest, maar dat laat ruimte open voor emotioneel en verbaal geweld.[43] Over de opvoedmethoden van de familie Harris is namelijk genoeg bekend. Vader

Wayne onderwierp zijn zoons aan een strikt, bijna militair huishoudregime:

> "[Wayne] zou alles doen om de toekomst van zijn zoons te beschermen. Discipline was een *no-brainer,* maar [Erics] reputatie lag buiten zijn invloedsfeer. Ieder kind zou het nu en dan wel eens verknallen. Het belangrijke was om het binnen de familie te houden. Een zwarte vlek kon een leven vol kansen uitwissen."[44]

Om de misstappen van Eric en zijn oudere broer zo veel mogelijk in te perken, stelden Wayne en Kathy zich bijzonder streng op. Voor een verkeersovertreding met zijn auto gaven ze Eric bijvoorbeeld drie weken huisarrest.[45] Wayne zou bij puberaal wangedrag dagenlang nadenken over een passende straf.[46] Dave Cullen beschrijft het regime van Wayne Harris:

> "Majoor Harris tolereerde geen wangedrag in zijn huis. Straf was snel en hard, maar allemaal binnen de familie. Wayne reageerde op bedreigingen van buitenaf op de klassiek militaire wijze: omcirkel de wagens en bescherm de eenheid. Hij hield niet van overhaaste beslissingen. Hij gaf er de voorkeur aan straffen zorgvuldig te overwegen, terwijl de jongens over hun daden nadachten. Na een dag of twee zou Wayne zijn besluit vormen en het zou zijn laatste woord zijn. Het werd meestal huisarrest of het verlies van privileges—eender welke dingen die hen dierbaar waren. Naarmate Eric opgroeide, zou hij regelmatig zijn computer moeten opgeven—dat deed pijn. Wayne beschouwde een conflict afgerond wanneer hij het met Eric had besproken en zij overeenstemming bereikten over de feiten en de straf. Dan moest Eric verantwoordelijkheid nemen voor zijn daden en zijn straf volbrengen."[47]

Was Wayne's regime niet veel te strikt voor de hooggevoelige, filosofisch aangelegde Eric? Als kind moest hij zijn vaders oordeel zonder tegenspraak slikken en de straffen als verdiend internaliseren, terwijl zijn ouders zijn interesses, zijn persoonlijkheid en zijn gevoelswereld volledig afkeurden. Zijn ouders kunnen tegenover de Mausers beweren dat ze nooit wreed zijn geweest, maar het regime waarin Eric opgroeide was dat wel degelijk. In een chatgesprek met een vriendinnetje vertelde hij over de moeizame omgang met zijn ouders:

"Nou, ik heb gisteravond mijn ma een berichtje van twee pagina's geschreven en het op het aanrecht gelegd. Ik heb haar verteld over onze gesprekken en waarom ik zo laat opblijf en hoe het mijn leven is en dat ik ervan in controle ben en een heleboel andere dingen waar ze mij over lastigvielen. Dus we zullen zien wat ze erover zeggen wanneer ze vanavond van werk thuiskomen. Ik ben blij dat ik eindelijk de moed had om mijn ouders te vertellen wat ik echt denk. Ik heb het op papier gezet zodat ze niet zouden denken dat ik 'niet luister' of een 'slechte houding' of iets heb."[48]

Geen wonder dat Eric onderdrukking tot hoofdthema van zijn dagboek maakte. Hij durfde nota bene pas als zeventienjarige voor het eerst zijn gedachten aan zijn ouders kenbaar te maken—schriftelijk.

Eric kwam niet met psychopathische moordlusten ter wereld. Als kind was hij onschuldig, maar hij werd net als Kip Kinkel eerst zelf slachtoffer van statusbewuste ouders die hun kind tot militaire gehoorzaamheid dwongen. Wayne wilde graag stijgen in het aanzien van zijn familie door twee succesvolle zoons in zijn evenbeeld op te voeden. Om dat doel te bereiken, drilde hij zijn zoons tot militaire gehoorzaamheid. Eric kon vanwege zijn fysieke defect en zijn gevoelige karakter echter onmogelijk voldoen aan het beeld van de *All American Soldier*. Dat was de doodslag voor Erics persoonlijkheid. Hij kon niet op tegen zijn vader en zou in verbale gevechten altijd het onderspit delven.[49]

De combinatie van al deze factoren—een aangeboren borstkasdefect, het daaruit voortvloeide minderwaardigheidscomplex, het trauma van twee pijnlijke operaties, een verbaal overheersende vader, uiterst strenge en disciplinerende ouders, het stramme regime waarin hij opgroeide—veranderde Eric in een wandelende tijdbom. Hij leefde met intense emotionele pijn, maar vond niemand met wie hij zijn pijn kon bespreken.

De psycholoog die Eric voor zijn woede onderzocht, schreef hem weliswaar een antidepressivum voor, *Luvox*, maar deed geen moeite om de ware oorzaken te achterhalen.[50] Die medicatie speelde een noodlottige rol in de totale onderdrukking van Erics impulsen. Net als Kip Kinkel kon Eric Harris het verlies van zijn individualiteit alleen met een gewelddadige wanhoopsdaad vergelden, maar beiden deden dat pas na een leven van totalitaire onderdrukking.

Niets rechtvaardigt de aanslag op onschuldige mensen. Eric Harris en Dylan Klebold waren terroristen. Toch moet de maatschappij wederom erkennen dat deze jongens eerst zelf slachtoffer werden van zwaar emotioneel geweld, lang voordat ze zich tot hun terreurdaden voelden gedreven.

8

Gevecht tegen een vals zelfbeeld

Hij die uit de pas marcheert, hoort een ander ritme.

—Ken Kesey
En eentje zag ze vliegen[1]

Wie een trauma meemaakt, maar het niet kan verwerken, loopt het risico dat psychische spanningen later in het leven een andere uitweg vinden, goedschiks of kwaadschiks. Zonder meelevende getuigen die ons helpen om de ware oorzaken van ons trauma te begrijpen, kunnen we onszelf niet uit de gevangenis van het gevoel bevrijden. De enige uitweg is de herhaling van de mishandelingen die ons ooit werden aangedaan.

Over het drugs- en alcoholmisbruik van zijn patiënten—*coping-gedrag*—merkt een ACE-onderzoeker op:

"Een manier om het coping-gedrag op een constructieve manier vanuit het perspectief van traumapsychologie te begrijpen, is ze als het naspelen van hun originele trauma's te zien, door psychoanalytici ook wel herhalingsdrangen genoemd. Door deel te nemen aan deze zeer risicovolle gedragingen gedraagt de traumaoverlevende zich niet simpelweg 'gek' of 'antisociaal', maar speelt hij eerder aspecten van het originele trauma onbewust na om ze te onder de knie te krijgen, in de hoop er uiteindelijk van te genezen."[2]

Herhalingsdrang op Utøya

Anders Behring Breivik schudde op 22 juli 2011 de westerse wereld wakker met een dubbele terroristische aanslag. Eerst bracht hij een bom tot ontploffing die een regeringsgebouw van Oslo sloopte. Daarbij vielen acht doden. In de chaos die volgde, reed de als politieagent verklede terrorist naar het eiland Utøya, waar zich honderden mensen hadden verzameld voor een politiek jongerenkamp. Breivik zou er met ongekend sadistisch geweld 69 mensen vermoorden. Zeventien- en achttienjarigen vormden de grootste groep onder de slachtoffers.

Na de aanslagen hield de zoektocht naar antwoorden voor het ontstaan van dit monster de Noorse samenleving in haar greep. In een artikel getiteld *Is de verdachte moordenaar uit Noorwegen één van ons?* houdt voormalig Noors Minister van Justitie Anne Holt de gehele Noorse samenleving verantwoordelijk:

> "Anders Breivik is de som van het leven dat hij onder ons heeft geleefd, de ervaring die hij met ons had en de gedachten die hij als onderdeel van de Noorse samenleving dacht. Het is in onze cultuur waarin deze man is geëvolueerd van een verlegen en beleefde jonge jongen in een ijskoud monster dat vermoedelijk negen jaar van zijn leven spendeerde aan het ontwerpen en implementeren van een aanval op de beschaving."[3]

Vergelijk Holts aanklacht eens met bijvoorbeeld de houding van de Parijse moslimgemeenschap na de aanslagen op *Char-*

lie Hebdo. In plaats van Breivik geen 'echte' Noor te noemen of te beweren dat de aanslag niets met Noorwegen te maken zou hebben, steekt Holt de hand in eigen boezem en vraagt alle Noren op de man af om hetzelfde te doen. Niet alleen vraagt ze hen om afstand te nemen van Breiviks gedachtengoed, maar ze vindt ook dat alle Noren zich verantwoordelijk moeten voelen voor zijn ontstaan. Voornamelijk de politiek ter rechterzijde van het spectrum meent ze te beschuldigen van het creëren van een klimaat van haat: "Hebben het gevestigde Noorwegen, de oude media, de legitieme arena's van politiek debat in plaats van een alternatief te zijn voor de beerput van het internet simpelweg haar stijl overgenomen?"[4]

Maar zoals zo velen zoekt ook Holt de ware oorzaak voor Breiviks daden in externe factoren, niet in eerdere, traumatiserende levenservaringen. Vader Jens Breivik gaf door zijn reactie op het nieuws van de aanslag een eerste aanwijzing voor diepere problemen. Jens voelde zich namelijk niet de vader van zijn zoon Anders.[5] Enkele maanden later verklaarde hij over de geboorte van zijn zoon: "Soms, wanneer je een zeer serieuze fout hebt gemaakt, wil je het gewoon vergeten. Niet te worden herinnerd."[6] Na de aanslagen wenste hij zijn zoon dood: "In plaats van zoveel mensen te doden, had hij zijn eigen leven moeten nemen."[7] Tegelijkertijd verklaarde hij geen contact met zijn gevangengenomen zoon te willen opnemen, want hij had geen behoefte om zijn zoon te vragen waarom hij de aanslag had gepleegd.

Jens, diplomaat van beroep, had zijn zoon op eenjarige leeftijd bij zijn moeder achtergelaten, nadat hij van Oslo naar Parijs was verhuisd. Hij bewaarde nooit foto's van zijn zoon. Desondanks probeerde hij enkele jaren later, in 1983, samen met zijn nieuwe vrouw Tove alsnog de voogdij over de vierjarige Anders te krijgen. Waarom nu? Wat wist Jens over Anders' moeder Wenche, van wie hij drie jaar eerder was gescheiden, dat hem ertoe bewoog om alsnog de voogdij over zijn zoontje op te eisen?

Na een juridisch getouwtrek zou de jonge Anders toch bij zijn moeder en zijn oudere halfzus in Oslo blijven wonen. Anders groeide op zonder vader, alhoewel hij hem als kind wel eens opzocht tijdens schoolvakanties in Parijs. Ze verbraken rond zijn vijftiende het contact definitief.

Zoals alle jongens had ook Anders een vaderlijk rolmodel in zijn leven nodig. In het meer dan vijftienhonderd pagina's tellende 'compendium' dat hij voor de aanslagen op internet had gepubliceerd, waarin hij zijn persoonlijke wereldbeeld uit de doeken doet, vinden we bijvoorbeeld een aanwijzing voor de invloed die zijn vaderloze jeugd op zijn latere denken had, namelijk in een artikel genaamd *De vaderloze beschaving*, waarin een internetauteur het feminisme beschuldigt van het vernietigen van het klassieke gezin.[8] Het gemis van zijn vader hield hem tot in volwassenheid bezig.

In zijn boek *Een Noorse tragedie* beschrijft Aage Borchgrevink aan de hand van een psychiatrisch rapport van de Noorse kinderbescherming, het zogeheten SSBU-rapport, de thuissituatie waarin de kleine Anders opgroeide.[9] Moeder Wenche leed aan een allesomvattende doch slechts gedeeltelijk zichtbare depressie. Dagelijks projecteerde ze haar agressie op haar jongen af. Zeker nu zijn vader haar had verlaten, wist ze geen raad meer met het ongewenste kind. Ze zou de jongen met haar "zoete stem" geregeld naar zich toe lokken om hem vervolgens op schreeuwende toon dood te wensen. Meteen daarna trakteerde ze haar kind met klappen op het hoofd en in het gezicht.

Begin jaren tachtig bracht het veelvuldige geschreeuw uit Wenches woning de buren ertoe om de kinderbescherming in te lichten. Behalve gewelddadige praktijken zouden er ook luidruchtige seksuele activiteiten in het huis plaatsvinden, terwijl Anders en zijn halfzus thuis waren. Dat is een belangrijk detail, want volgens het SSBU-rapport zag Wenche haar driejarige zoontje als een volwassen man die haar seksueel zou bedreigen.

's Nachts sliep ze regelmatig met haar kleuter in lepeltje-lepeltje houding in bed.[10] Tijdens zijn proces over de aanslagen beklaagde Anders zich erover dat de media hem van een incestueuze relatie met zijn moeder had beschuldigd. Dat was echter niet het geval: niet de media, maar Anders had het incestthema zelf ter sprake gebracht. Waarom zou hij dat doen als er niets oneervols tussen hem en zijn moeder had plaatsgevonden?

De kinderbescherming merkte de hel die Anders doorstond op. Één van de opstellers van het SSBU-rapport, die tijdens de rechtszaak echter niet mocht getuigen, adviseerde in dat rapport om de jongen uit huis te laten plaatsen:

"Anders is een contact vermijdend, licht angstig, passief kind, maar met een manisch soort afweer, rusteloos actief en met een gespeelde, aversieve glimlach. [...] Het is heel belangrijk om op vroege leeftijd stappen te nemen om te voorkomen dat de jongen een meer serieuze psychopathologie ontwikkelt."[11]

De voorspelling dat Anders Breivik serieuze psychopathologie zou ontwikkelen, kwam op zeer tragische wijze uit, maar tot op welke hoogte speelden zijn jeugdtrauma's daar een rol in? Auteur Borchgrevink laat het in zijn boek na om Anders' vroegste trauma's in verband te brengen met zijn latere misdaden als volwassene. In plaats van de mishandelingen door zijn moeder te bekritiseren, neemt de auteur het zelfs voor haar op. Hij schrijft dat de moeder zelf toch ook slachtoffer van een moeilijke jeugd was geweest. Breiviks geboorte zou de woede en haat in zijn moeder aan de oppervlakte hebben bracht, omdat ze niet klaar voor hem zou zijn geweest, ondanks dat moeder Wenche haar oudere dochter wél met liefde behandelde. Bovendien mogen we een pasgeboren kind zeker niet beschuldigen van het uitlokken van zijn eigen mishandelingen.

Borchgrevink gaat ver in de verdediging van moeder Wen-che:

> "Zelfs als de SSBU vermeldde dat Anders 'geslagen' werd en herhaaldelijk het woord 'agressief' gebruikt betreffende zijn moeder, en zelfs als sommige details over Breivik zouden suggereren dat hij aan [ongevoeligheid voor pijn] leed, dan is het niet mogelijk om te concluderen dat hij ook lichamelijk mishandeld werd."[12]

Integendeel, het heeft er juist alle schijn van dat Anders als kind door zijn moeder ernstig en langdurig werd mishandeld. De driejarige jongen werd al zo vaak geslagen dat hij überhaupt geen pijn meer kon voelen. Het geweld hield na het rapport natuurlijk niet op. Zoals in een eerder hoofdstuk beschreven, bleek uit de ACE-studie naar nadelige jeugdervaringen dat meer dan de helft van alle geslagen kinderen de klappen tot het eind van hun tienerjaren opving.[13] Dat zal voor Anders met zijn agressieve moeder ook het geval zijn geweest. Als kind en als tiener werd hij stelselmatig slachtoffer van grove lichamelijke en zeer waarschijnlijk seksuele mishandelingen door zijn eigen moeder.

Wenche bedreigde haar zoon met de dood en ze meende haar dreigementen. Volgens de buren die de kinderbescherming hadden gebeld, wilde ze "van hem af".[14] Kleine Anders begreep de boodschap. In zijn compendium citeerde hij niet voor niets: "Geweld is de moeder der verandering."[15] Om de mishandelingen die hij zijn jonge leven lang incasseerde te overleven, moest hij al vroeg zijn menselijke gevoelswereld leren uitschakelen. Anders had in de eerste drie jaar van zijn leven al meer geweld meegemaakt dan de meeste mensen. Hij moest de pijn en de herinneringen aan die pijn verdringen om de illusie van een liefdevolle moeder in stand te houden. Als kind was hij immers afhankelijk van haar verzorging.

Terwijl de media zich na de aanslagen op Breiviks Islamkritiek, zijn Marxismehaat en zijn afwijzing van de multiculturele samenleving stortten, omdat die populaire thema's misschien meer nieuws verkopen, doordrenkte hij zijn compendium vooral met een verachting van *emotionalisme*, waarmee hij alles bedoelde wat hem vrouwelijk leek. In een cryptische verwijzing naar zichzelf, zijn vader en zijn moeder schrijft hij: "Een beschaving wordt geboren op rationalisme en verslagen op emotionalisme."[16] Hij zag zichzelf als de onschuldige beschaving. Het koele rationalisme dat hem had verwekt, dat was zijn afstandelijke vader die hem in de steek had gelaten. Geen wonder dat hij geloofde dat hij het beschaafde Noorwegen op een koelbloedige manier moest verdedigen tegen het emotionalisme van de multiculturele samenleving: hij projecteerde de haat die hij voor zijn moeder voelde op de gehele Noorse samenleving.

Volgens Ian Robertson, neuropsycholoog en auteur van *Het winnaarseffect*, spendeerde Breivik het hele jaar voor de aanslagen om zichzelf gevoelloos te maken voor geweld.[17] Dit *de-emotionaliseren* bereidt iemand voor op het doden van mensen. Gevechtstroepen die naar oorlogsgebieden worden uitgezonden, doorlopen precies hetzelfde proces. Het is beproefde soldatenpsychologie. Daar had Breivik in zijn leven meer ervaring mee, want als kind en tiener moest hij zich gevoelloos maken voor het geweld dat zijn moeder hem aandeed. Zo werd hij in volwassenheid opnieuw het door zijn moeder dood gewenste kind en voldeed daarmee aan de opdracht die hem eerder dagelijks werd gecommuniceerd. Dat is wat hem in staat stelde om in zo kort mogelijke tijd zo veel mogelijk mensen te doden. Gevoelsmatig was hij zelf al dood: Breivik veranderde in het kille monster dat zijn eigen ouders ooit voor hem waren geweest.

Na zijn arrestatie vermoedden psychiaters dat Breivik aan *alexithymie* leed, het onvermogen om gevoelens met woorden te beschrijven. Hij kon ze niet beschrijven, omdat hij als kind

nooit had geleerd om zijn emoties te tonen. Zijn moeder dreig-
de hem als kind dagelijks met de dood, dus leerde hij voor zijn
overleving 'dood' te spelen om de liefde van zijn moeder te winnen. Zijn de-emotionaliseren verklaart daarmee ook het raadsel
van zijn "aversieve glimlach".[18] Om dood te spelen moest hij zijn
lachreflex verbergen, dus leerde hij als peuter een geforceerde
lachpose aan: die van een lachende dode.

Het zelfbeeld van een massamoordenaar

Net als Kip Kinkel en Eric Harris ontlaadde Anders Breivik zijn
zwaar mishandelde psyche in een daad van extreem geweld. Hij
gaf toe aan de herhalingsdrang die zich een leven lang in hem
had opgebouwd. Hij koos niet voor niets het jongereneiland,
omdat hij dan zelf de gewelddadige "moeder der verandering"
kon spelen.

Hiermee wil ik Breivik niet vrijspreken. Hij is een terrorist
van weergaloos formaat die geen medeleven voor zijn gevangenisstraf verdient. Wel is het van belang om het verband tussen
zijn getraumatiseerde jeugd en zijn latere amokdaad te begrijpen. Was Breivik als driejarige op advies van zijn psychologen
inderdaad uit huis geplaatst, dan had de aanslag nooit plaatsgevonden. Het is een leugen dat jongens als Breivik van nature
slecht zouden zijn. Ze zijn slecht *gemaakt* door een maatschappij die hen in de steek liet.

Het probleem dat we telkens bij mishandelde kinderen te-
rugzien, is dat ze opgroeien met een vervormde persoonlijkheid.
De afweermechanismen die ze als kind moesten ontwikkelen
om te overleven—verdringing, projectie of anders—worden in
de zenuwbanen van de hersenen opgeslagen die in volwassenheid iemands persoonlijkheid zullen vormen.[19] Ze marcheren

uit de pas, omdat ze het ritme van de mishandelingen uit hun
jeugd horen.

Een persoonlijkheidsstoornis manifesteert zich niet in de
kindertijd, maar pas in de tienerjaren en in volwassenheid.[20]
Daardoor lukt het veel hulpverleners niet om het verband met
vroegere mishandelingen te leggen. Zij concluderen onterecht
dat de gekte al van nature in de patiënt zat, terwijl de waarheid
anders is. Het gezegde gaat niet voor niets dat je een kind wel
uit de oorlog kunt halen, maar de oorlog niet uit het kind. Ook
kinderen uit oorlogsgebieden hebben veranderde hersenzenu-
wen om zich psychisch tegen oorlog te verdedigen. Het is zeer
moeilijk om uit die aangeleerde realiteit te stappen.

Ernstig mishandelde kinderen raken verstrikt in een neerwaartse spiraal van negatieve ervaringen. Ze hebben de boodschap een slecht te mens zijn in hun persoonlijkheid geïnterna-
liseerd. Hun verstoorde zelfbeeld vormt bijvoorbeeld de basis
voor relaties met anderen. Anders Breivik gelooft oprecht een
soldaat in een oorlog tegen het emotionalisme te zijn, want zo
heeft hij ook zijn jeugd met zijn emotioneel instabiele moeder
ervaren, maar hoe moet iemand zich gewaarworden van de
schade die hij in zijn eigen zenuwbanen meedraagt als niemand
hem helpt, omdat die schade voor de buitenwereld altijd onzichtbaar blijft?

Valse hoop loslaten

Hoe kunnen als kind getraumatiseerde mensen zich uit de gevangenis van hun gevoel bevrijden? Mensen die oprecht van elkaar houden, communiceren elkaar de boodschap dat de ander
liefde *verdient*. Zo beschermen geliefden elkaar zelfs tegen de
zwaarste tegenslag. Het eenrichtingsverkeer van het ongeliefde
kind aan zijn ouders—de onvoorwaardelijke liefde—is géén

liefde. Zonder bewijs van wederkerigheid maken we onszelf en-kel ondergeschikt aan anderen die geenszins het beste met ons voor hebben. Om in zulke situaties de liefde voor onszelf te her-winnen, moeten we de valse hoop loslaten dat mishandelende ouders ooit van ons zullen houden.

Volgens Alice Miller is de kans op verzoening met mishan-delende ouders klein. Hooguit vijftien procent van de ouders zou tot inkeer komen. De meesten zijn bereid noch in staat om de machtspositie waaraan ze hun sociale status ontlenen los te laten. Ooit mishandelende ouders zullen geen moeite meer doen om gestolen liefde terug te betalen. We moeten die illusie loslaten:

"Als het lukt om echt te voelen hoe men als kind onder het gedrag van zijn ouders heeft geleden, dan verdwijnt de empa-thie voor de ouders meestal zonder innerlijke strijd en wendt zij zich tot het kind."[21]

9

Lessen voor de samenleving

Hoe saaier een kind is, des te meer de ouders, wanneer ze met hun kind pronken, worden gevleid voor het feit dat ze goede ouders zijn—omdat ze een tam kind-schepsel in hun huis hebben.

—Frank Zappa
MOJO Magazine[1]

D e Britse krant *The Times* opende op 12 maart 2015 de voorpagina met een artikel over de grote omvang van de geestelijke gezondheidscrisis onder kinderen. Het gaat om kinderen die zichzelf pijn doen, die aan depressie of aan andere stoornissen lijden. Volgens experts zouden de oorzaken moeten liggen in de gevolgen van "examenstress, pesten op school en *social media*".[2] Wat een onzin! Dit is het standaardexcuus om maatschappelijke ouderfiguren te beschermen, want de ware oorzaak van zulke grootschalige geestelijke problemen onder tienerjongeren ligt in de emotionele verwaarlozing door moderne ouderparen met voltijdsbanen: de vrouwenemancipatie die carrières voor moeders mogelijk maakte, vergat de kinderen.

Dat is niet "de schuld van vrouwen", maar van een maatschappij gericht op winstmaximalisatie, die mensen reduceert tot radertjes in de carrières van anderen en die het emotionele welzijn van burgers op de tweede plaats zet. Kinderen hebben voor een gezonde psychologische ontwikkeling nu eenmaal ten minste één opvoeder nodig die hen rond de klok de liefde, zorg en waardering biedt die zij nodig hebben. Dat mag de vader of de moeder zijn, maar beter nog allebei. Wanneer verwaarloosde generaties kinderen echter massaal opgroeien met persoonlijkheidsstoornissen, dan staat ons gehele beschavingsmodel op het spel. Het is tijd om de belangen van jongeren weer, of misschien zelfs voor het eerst, tot middelpunt van de maatschappij te maken. Het is tijd voor de emancipatie van het kind.

Waarschuwingen uit het verleden

Geen enkel kind verdient zijn mishandeling, bedoeld of onbedoeld, per ongeluk of niet. De pioniers van de ACE-studie naar nadelige jeugdervaringen brachten wetenschap en maatschappij een stap dichter bij de emancipatie van kinderen, namelijk het inzicht dat kinderen mensen zijn die een geweldsvrije opvoeding verdienen. Volgens sommige onderzoekers zou dat het einde van oorlog en geweld in de wereld kunnen betekenen.[3]

De ACE-onderzoekers waren niet de eersten die het verband legden tussen geweld in de jeugd en agressie in volwassenheid. De recente geschiedenis kent talloze oproepen tot een herwaardering van de kindertijd. Ik wil er een aantal citeren. In een artikel uit *The Milwaukee Journal* van 2 januari 1941 schrijft antropoloog Montague Francis Ashley-Montagu dat het slaan van baby's de psychologische kiem voor haat zou kunnen zijn. Net als Alice Miller concludeerde Montagu dat mishandelde kinderen hun opgekropte woede moeten verdringen, maar dat deze verdrongen emoties later in het leven tot een uitbarsting van geweld leiden:

"In de kindertijd komt [de agressiviteit van als baby geslagen kinderen] tot uiting in een slecht humeur en algemene ondeugendheid. Zulk gedrag resulteert bijna altijd in verdere frustraties—in straf. In dit stadium bevindt het kind zich in een toestand van ernstig conflict. Of hij moet de uitdrukking van zijn agressiviteit beheersen, of anders moet hij de straf en het verlies van liefde verdragen die zijn agressiviteit veroorzaakt.

Zulke conflicten worden meestal opgelost door de pijnlijke situatie uit het bewustzijn en uit de directe motorische uitdrukking te verdringen—kortom, door de onderdrukking van zijn eigen agressieve impulsen. Maar het bewijs toont met overweldigende zekerheid aan dat deze impulsen nooit op enigerlei wijze worden vernietigd. Als onderdeel van het totale organisme moeten zij op een of andere manier tot uitdrukking komen. Die manieren zijn ontelbaar. Rassenhaat is slechts één van hen."[4]

In zijn boek *Uit mijn latere jaren* (1950) bekritiseert natuurkundige Albert Einstein de autoritaire onderdrukking van leerlingen op school. Hij maakt zich sterk voor de omkering van die autoriteit. Volgens de Nobelprijswinnaar moeten kinderen hun speelse energieën vrij aan voor hen positieve activiteiten kunnen besteden:

"Voor mij lijkt het ergste ding voor een school te zijn om hoofdzakelijk met methoden van angst, geweld en kunstmatige autoriteit te werken. [...] De belangrijkste drijfveer voor werk op school en in het leven is het plezier in werk, plezier in zijn resultaten en de kennis van de waarde van het resultaat voor de gemeenschap. In het ontwaken en versterken van deze psychologische krachten in jongeren zie ik de meest belangrijke taak weggelegd voor school."[5]

Scholen horen geen fabrieken te zijn die leerlingen met ondemocratische rituelen indoctrineren. Is het niet absurd dat scholen nog met belritmes werken om leerlingen van les naar les te dirigeren? Of dat leerlingen toestemming aan de leraar moeten vragen om naar het toilet te mogen?[6] Waarom staan er hekken rond schoolpleinen om jongeren binnen te houden, alsof ze een gevaar voor de samenleving zijn? "Voor kinderen is de verplichting om te leren een bewijs van hun ontoereikendheid en hun minderwaardigheid."[7]

In 1989 gaf Everett Koop een toespraak voor het SAFE KIDS symposium in Washington. Hij deed een oproep aan de maatschappij om ouders die hun kinderen lichamelijk mishandelen niet langer een hand boven het hoofd te houden:

"Mensen geloven nog steeds in veel folklore over 'ongelukken', over het noodlot dat her of der toesloeg. Met andere woorden, veel folklore die volwassenen van hun verantwoordelijkheid vrijspreekt. En het veranderen van die totaal verkeerde mentaliteit is onze grootste uitdaging. We moeten het niet toestaan dat de volwassenen van Amerika er zo gemakkelijk 'mee weg komen'. We moeten ze uitleggen, ze overtuigen en ze tot in het diepst van hun zielen laten geloven dat *verwondingen aan kinderen geen ongeluk zijn*... [...] Er was nog nooit een tijd dat grote sociale problemen werden opgelost door een kind te slaan. En er zal *nooit* zo'n tijd komen... Eeuwenlang hebben volwassenen kinderen verwond en erover gelogen, en andere volwassenen hebben die leugens gehoord en slechts hun blik afgewend... Als een kind gewond raakt, moeten we niet langer automatisch de mythologie bestendigen dat [de verwonding] het kinds eigen schuld was of het gevolg van een ander mysterieus 'ongeluk'. In plaats daarvan moeten we de schuld daar leggen waar het hoort: misschien bij een ander mens—meest waarschijnlijk een volwassene—

die het verkeerde ding deed, bedoeld of onbedoeld, maar *niet per ongeluk...*"[8]

Koop sprak over lichamelijke mishandeling, maar hetzelfde geldt voor emotionele pijn. Agressieve kinderen zijn niet van nature 'onhandelbaar' of 'moeilijk', maar veelal zelf slachtoffer van agressie. Depressieve kinderen zijn niet te zwak om de gewone tegenslagen van het leven aan te kunnen, maar werden slachtoffer van misbruik, verbaal geweld of emotionele verwaarlozing. Kinderen met psychische problemen zijn niet aangeboren gek, maar slachtoffer van dysfunctionele huishoudens.

Leraar Norm Lee bedacht het systeem 'opvoeden zonder straf'. In een anekdote legt hij uit waar de opvoeding van kinderen precies misgaat:

"Tijdens een recente lezing voor een groep ouders opende ik een boek en begon er hardop uit voor te lezen: 'Begin de discipline vroeg; maak duidelijke regels, dwing ze onmiddellijk en consistent af. Versterk gehoorzaamheid met *goed gedaan jongen, wat een knappe meid*, gepaard met aaien en knuffels. Vertel ze na disciplineringen dat je van ze houdt, maar dat het voor hun eigen bestwil was.' Men knikte met unanieme instemming, sommigen uiten vrij hartelijk hun goedkeuring. Maar toen ik de kaft van het boek liet zien, hapten ze in shock naar adem: HOE TRAIN JE EEN DOBERMANN PINSCHER"[9]

Is het te veel gevraagd om te snappen dat kinderen geen honden, maar mensen zijn en dat mensen niet bedoeld zijn om te slaan?

Collectieve verdringing

Om de collectieve verdringing van mishandelde verledens in stand te houden, treden op meerdere niveaus krachten in werking om de theorieën van de niet-pedagogische beweging in twijfel te trekken, maar in plaats van eigen argumenten te formuleren, leiden critici de aandacht van onder meer Alice Millers theorieën af door er bijvoorbeeld op te wijzen dat ze zelf toch geen goede moeder is geweest: ze plaatste haar zoon Martin de eerste acht jaar van zijn leven in een pleeggezin. Eenmaal thuis zou Millers man hun zoon regelmatig slaan—in haar bijzijn.[10] De kritiek op haar persoon doet echter geen afbreuk aan de juistheid van de niet-pedagogische inzichten, want dan zouden we ook de Nobelprijs voor de Vrede moeten afschaffen omdat de naamgever het dynamiet uitvond. Miller kwam tenslotte pas na haar vijftigste tot de inzichten die zoveel mensen positief zouden beïnvloeden.

Afgezien van onterechte kritiek is het problematischer dat de critici zelf geen overtuigende verklaring bieden voor het ontstaan van geweld in de wereld. Ze geloven net als Sigmund Freud dat mensen met kwade driften of slechte genen ter wereld komen—beiden de uitkomst van een geloof in de christelijke erfzonde. Als we moeten aannemen dat het Duitse volk in de Tweede Wereldoorlog met slechte genen werd geboren, waarom verdwenen die genen een generatie later dan al weer? Als de Italiaanse fascisten met kwade driften ter wereld kwamen, waarom hadden Italiaanse communisten die dan niet? En waarom hadden de geallieerden klaarblijkelijk geen van beide problemen?[11]

Juist Millers theorieën bieden een geloofwaardige verklaring voor deze collectieve verschillen: de opvoedcultuur. Het kwaad "wordt in iedere generatie opnieuw geschapen."[12] De scholings- en opvoedingssystemen van de as van het kwaad berustten in de decennia voor de Tweede Wereldoorlog op door staat en religie goedgekeurde 'tuchtiging' van kinderen. Kinderen werden met geweld tot gewenste producten gekneed, maar konden niet aan die mishandelingen ontsnappen. Ze hoefden nergens op medeleven te rekenen, want de gehele maatschappij spande samen om het misbruik te gedogen. Uiteindelijk vonden de getraumatiseerde kinderen in volwassenheid een wettelijk toegestane uitlaatklep: Hitlers vernietigingsoorlog.

Die collectieve slechtheid verdween na de oorlog weer, omdat nieuwe generaties Duitse en Italiaanse kinderen niet langer in zulke kindervijandige opvoedsystemen opgroeiden.

In onze tijd zien we dezelfde verachting van kinderen terug in het wereldbeeld van de Islamitische Staat. De ISIS-strijders werden echter niet met slechte driften, genen of erfzonden geboren, maar vielen als kind ten prooi aan een gewelddadige cultuur van religieus goedgekeurde kindermishandeling. Gelovige ouders, de 'gematigden', vormen in zulke gemeenschappen slechts het middelmanagement tussen hun kinderen en de profetische leiders die tot doel hebben om de band tussen ouder en kind in hun eigenbelang te verzwakken.[13] Net als tijdens de Tweede Wereldoorlog vinden deze als kind mishandelde volwassenen een uitlaatklep voor hun pijn in de gelegitimeerde strijd tegen ongelovigen, de *jihad*.

Vrouwen die opgroeiden in een onderdrukkende cultuur reageren hun psychologische problemen af op de enige slachtoffers waarover ze macht kunnen uitoefenen: hun eigen kinderen.[14] Religieuze leiders die dit mechanisme veel beter begrijpen dan de gemiddelde politicus of geschiedkundige misbruiken hun macht om getraumatiseerde volgelingen tot veroverings- en vernietigingsoorlogen aan te zetten.[15] "De blindheid van de maatschappij voor deze mechanismen leidt ertoe dat oorlogen nog steeds mogelijk zijn, *omdat zijn oorzaken onopgemerkt blijven.*"[16]

Geen mens die met liefde opgroeide, zal ooit een ander mens onthoofden.

De zin van het leven

"Wat is de zin van het leven?" Die vraag klopt niet klopt, want het leven *heeft* geen zin, het leven *geeft* zin. Een zin in het leven is bovendien niet iets wat je voor jezelf opeist, maar dat wat je anderen gunt.

Psychiater Viktor Frankl plaats zijn idee van de *wil tot zin* als alternatief tegenover de Nietzscheaanse *wil tot macht*.[17] Volgens filosoof Sam Harris is de vrije wil echter een illusie. Wiskundige en natuurkundige formules zouden de gedragingen en gevoelens van de mens aansturen.[18] We ervaren een wilsvrijheid die er eigenlijk niet is, denkt Harris, omdat onze hersenen in de illusie geloven dat we zelf de keuzes maakten die eigenlijk al door ons onderbewustzijn voor ons werden besloten. De grote secundaire hersenen, die als een schil rondom de primaire hersenen zitten, bedenken achteraf de argumenten waarom we de wil van de primaire hersenen hebben uitgevoerd. Eenvoudiger gezegd: onze hersenen houden ons voor de gek. Deze illusie heet *cognitieve dissonantie*.

Harris zoekt voor zijn ideeën aansluiting bij evolutiebioloog Richard Dawkins en natuurkundige Lawrence Krauss. Tezamen verklaart deze drie-eenheid het menselijke handelen als natuurverschijnsel waarin de mens zelf geen rol meer speelt. Voor hen verschijnt de mens als computerprogramma op een kosmisch beeldscherm. De mens voert daarop slechts zijn voorspelbare routines uit. Dit wetenschappelijke wereldbeeld laat geen ruimte toe voor zin.

De wijze heren kunnen best gelijk hebben, maar de mens kan niet overleven zonder zingeving, zelfs al is die een illusie.

Zouden we werkelijk in de mechanische zinloosheid van het bestaan moeten geloven, dan werden we depressief, sliepen we zonder te dromen en verloren we de hoop op alle vooruitgang.

De wetenschap wil de wereld zonder beïnvloeding van de wetenschapper meten, maar zij betaalt voor haar kennis met de onbewijsbare aanname dat er zoiets als een 'werkelijke werkelijkheid' bestaat die buiten de mens om tot stand komt. Sommige wetenschappers twijfelen daaraan: is het mogelijk dat de waarneming haar eigen resultaat opwekt, dus dat de mens zijn eigen werkelijkheid beïnvloedt door er aan deel te nemen?[19]

In dat geval kunnen we onszelf en anderen een zin verschaffen door het leven van een zin te verdenken. We vinden zin waar we zin *willen* waarnemen. Wie is eigenlijk wiens veroorzaker, de mens of zijn werkelijkheid?

Emancipatie van het kind

Ik ben aan het eind van mijn boek gekomen. Ik kan niet goed inschatten of wat ik heb geschreven anderen van pas komt. Nog steeds twijfel ik sterk of veel van wat ik denk, voel en doe wel door de maatschappij wordt geaccepteerd, maar aan één ding twijfel ik niet, namelijk dat kinderen mensen zijn en dat alle mensen recht op liefde hebben, gewoon voor wie ze zijn. Kinderen beginnen echter geen revoluties, dus moeten de volwassenen het voor ze doen. Ik stel het volgende tienpuntenmanifest ter emancipatie van het kind voor:

1. Ieder kind heeft het recht om zich spontaan te uiten—te huilen, te lachen, te dansen en te schreeuwen—ook in bijzijn van volwassenen.
2. Een kind dat fouten maakt, mag de liefde van zijn ouders of verzorgers in geen enkel geval kwijtraken.

3. Kinderen zijn de leraren, de maatschappij is de leerling.
4. Ieder kind mag de wereld om zich heen beïnvloeden, zodat het leert dat de toekomst veranderlijk is.
5. Kinderen worden slim van buiten spelen, zowel individueel als in samenspel met anderen, naargelang hun karakter.
6. Een kind heeft van geboorte al een eigen persoonlijkheid. Ouders en opvoeders moeten die persoonlijkheid respecteren.
7. Kinderen zijn niet maakbaar. Wat een kind nodig heeft, is de onvoorwaardelijke positieve waardering voor wie het is, niet voor wat het doet.
8. Een kind weet zelf het beste wat het voelt. In alle beleid voor of over kinderen staat het kinds eigen gevoelswereld centraal.
9. Het is volwassenen verboden om tegen kinderen te schreeuwen.
10. Het is volwassenen verboden om kinderen te slaan, dus ook geen opvoedkundige tikken.

Korte verhaaltjes

Op een zomerse dag zit ik in het Vondelpark te kijken naar een paartje nijlganzen met hun vijf kuikens. Ze liggen in de zon langs de rand van het water te rusten. Behalve de vadergans, die staat op uitkijk.

Plots stuift een loslopende hond op de ganzen af. De dappere ganzenpapa bedenkt zich geen seconde. Druk fladderend rent hij van zijn gezin weg—het is toneel om de aandacht van de hond te trekken. Terwijl hij linksom en rechtsom kijkt of de hond hem achternazit, alarmeert hij met zijn schelle gegak zijn vrouwtje en hun kuikens. Die laten zich meteen in het water zakken, want de kuikens kunnen nog niet wegvliegen. Pas wanneer de toegesnelde hond hem op enkele meters heeft genaderd, springt de vadergans zelf het water in.

De ganzenvader had ook zijn gezin in de steek kunnen laten, maar hij deed het niet. Ondanks de doodsdreiging die hij dagelijks doorstaat, weten de kuikens zich door hun ouders beschermd. Ze zullen de liefde van hun ouders internaliseren en haar op hun beurt aan de volgende generatie kuikens doorgeven.

Nog iets anders viel me op: *van alle dieren in het Vondelpark slaan alleen de mensen hun kinderen.*

★ ★ ★

Dit boek is het resultaat van bijna dertien jaar zoeken naar zelfinzicht, niet omdat het een literair kunststuk zou worden, maar omdat ik zoveel tijd nodig had om de pijn uit mijn eigen verleden voor het eerst gewaar te worden en de oorzaken ervan te begrijpen. Dit boek is mijn genezing. Hopelijk helpt het ook vele anderen die een begin met hun genezing willen maken.

Tijdens het schrijven vloeiden vele tranen. Ik heb niet geteld, maar zeker tientallen keren onderbrak ik het schrijven om even te huilen over gevoelens die ik zo lang had verdrongen.

Soms laste ik tijdens een schrijfweek een vrije dag in om uit te waaien op de Kennemerduinen. Op één van die dagen ben ik tussen de wilde stieren gaan zitten. Ze zijn van nature geduldig en goedaardig. Eentje liep van de kudde weg en staarde gehypnotiseerd naar de horizon, alsof hij over de zin van zijn bestaan filosofeerde. Of misschien stond hij gewoon wat te herkauwen.

Vandaag leerde ik dat beesten mensen waarderen voor wie ze zijn. *Waarom de mensen niet?*

★ ★ ★

Eigenlijk heb ik in mijn leven maar één fout gemaakt. De eerste dagen vlak na mijn geboorte moeten mijn ouders me in hun armen hebben vastgehouden. Ze zullen zich hebben afgevraagd wat voor iemand ik zou worden, maar in die dagen erna moeten ze me ook hebben aangekeken met de verontwaardigde blik dat ik niet aan hun verwachtingen voldeed. Ik was bang, verward en ik verontschuldigde me voor mijn bestaan. Die fout maak ik nooit meer. *Heb mij lief!*

Appendix

Bijgevoegd vindt u de vragenlijst van de ACE-studie naar de gevolgen van kindermishandeling.[i] De vragen zijn onderverdeeld in drie groepen met in totaal tien categorieën. Voor de gehele vragenlijst kunt u maximaal tien punten toekennen, één punt per categorie. U kent een punt toe als één of meerdere van de vragen uit de betreffende categorie op u van toepassing is. Let op de vraagstelling. Voor de categorieën in de groep *Verwaarlozing* krijgt u een punt als u een vraag met 'nee' beantwoordt.

Scoort u één punt of hoger en lijdt u aan lichamelijke of geestelijke klachten, neem dan contact op met een professionele hulpverlener. Vraag uw hulpverlener wat hij weet over de relatie tussen nadelige jeugdervaringen en gezondheidsklachten in volwassenheid. Weet hij u niets te vertellen? Schrijft hij u medicatie voor zonder naar uw sociale geschiedenis te vragen? Stuurt hij u aan op vergiffenis van degene door wie u werd mishandeld? Vermijd dan een tweede trauma en zoek een andere hulpverlener.

---

i. Daniel P. Chapman, Shanta R. Dube, and Robert F. Anda, "Adverse Childhood Events as Risk Factors for Negative Mental Health Outcomes," *Psychiatric Annals* 37, no. 5 (2007): 362.

Mishandeling

Emotionele mishandeling
Heeft een ouder of andere volwassene in het huishouden...

1. ...u vaak of zeer vaak uitgescholden, beledigd of gekleineerd?
2. ...zich soms, vaak of zeer vaak op een manier gedragen dat u bang was dat hij u fysiek pijn zou doen?

Lichamelijke mishandeling
Heeft een ouder of andere volwassene in het huishouden...

1. ...u soms, vaak of zeer vaak geduwd, ruw vastgegrepen, geslagen of iets naar u gegooid?
2. ...u ooit zo hard geslagen dat u blauwe plekken, striemen of andere verwondingen had?

Seksuele mishandeling
Heeft een volwassene of iemand minstens vijf jaar ouder...

1. ...u ooit op een seksuele manier aangeraakt of gestreeld?
2. ...u hun lichaam op enige manier seksueel laten aanraken?
3. ...geprobeerd orale, anale of vaginale gemeenschap met u te hebben?
4. ...daadwerkelijk orale, anale of vaginale gemeenschap met u gehad?

Verwaarlozing

Emotionele verwaarlozing

1. Was er iemand in uw familie die u hielp zich belangrijk of speciaal te voelen?
2. Voelde u zich geliefd?

3. Zorgden de mensen in uw familie voor elkaar?
4. Voelden de mensen in uw familie zich met elkaar verbonden?
5. Was uw familie een bron van steun?

Lichamelijke verwaarlozing
1. Kreeg u genoeg te eten?
2. Was er iemand die voor u zorgde en u beschermde?
3. Waren uw ouders te dronken of te sterk onder invloed van drugs om voor u te zorgen?
4. Moest u vuile kleren dragen?
5. Was er indien nodig iemand om u naar de dokter te brengen?

Dysfunctionele huishoudens

Mishandelde moeder
Werd uw moeder (of stiefmoeder)...
1. ...soms, vaak of zeer vaak geduwd, ruw vastgegrepen, geslagen, of kreeg ze iets naar haar gegooid?
2. ...soms, vaak of zeer vaak geschopt, gebeten, met de vuist of met iets hards geslagen?
3. ...ooit herhaaldelijk geslagen gedurende ten minste enkele minuten?
4. ...ooit met een mes of wapen pijn gedaan, of daarmee bedreigd?

Ruzie en scheiding
1. Zijn uw ouders van elkaar gescheiden?
2. Leefden uw ouders gescheiden van elkaar?
3. Maakten uw ouders dagelijks, bijna dagelijks of regelmatig ruzie?

Geestesstoornissen in het huishouden
1. Was een lid van het huishouden depressief of geestes-ziek?
2. Heeft een lid van het huishuiden ooit zelfmoord ge-pleegd, of een poging daartoe ondernomen?

Drugs- of alcoholmisbruik
1. Woonde u met iemand die een probleemdrinker of al-coholist was?
2. Leefde u met iemand die verboden middelen, softdrugs of harddrugs gebruikte?

Gevangenisstraf
1. Zat een lid van het huishouden een gevangenisstraf uit?

Noten

Voorwoord

1. Carine McCandless, *The Wild Truth* (HarperOne, 2014), Kindle e-book, 91.
2. Alice Miller, *Du Sollst Nicht Merken: Variationen Über Das Paradies-Thema* (Frankfurt am Main: Suhrkamp Verlag, 1983), 243.

Inleiding

1. Viktor Frankl, *...Trotzdem Ja Zum Leben Sagen: Ein Psychologe Erlebt Das Konzentrationslager* (München: Kösel-Verlag, 2013), 117.
2. Alice Miller, *Das Drama Des Begabten Kindes Und Die Suche Nach Dem Wahren Selbst* (Frankfurt am Main: Suhrkamp Verlag, 1983), 190.
3. Jeffrey Moussaieff Masson, *The Assault on Truth: Freud's Suppression of the Seduction Theory* (Untreed Reads, 2012), e-book, Preface.
4. Robert Spencer, Islam Unveiled: Disturbing Questions About the World's Fastest-Growing Faith, (New York: Encounter Books, 2002). e-book. 88-92.
5. Masson, *The Assault on Truth: Freud's Suppression of the Seduction Theory*, Introduction.
6. Ibid.
7. P. Timmermans, "Geïllustreerde Inleiding Tot De Algemene Pedagogiek," http://opvoedkunde1av.khleuven.be/.
8. Alice Miller, „Interview 1988: L'origine Du Mal Dans L'enfance," (YouTube, 2014).

9. Katharina Rutschky, *Schwarze Pädagogik: Quellen Zur Naturgeschichte Der Bürgerlichen Erziehung*(Berlin: Ullstein, 1997), e-book.

10. Murray A. Straus and Denise A. Donnelly, *Beating the Devil out of Them: Corporal Punishment in American Families and Its Effects on Children*(New Brunswick, New Jersey: Transaction Publishers, 2001), 179.

11. Johann Georg Sulzer, *Versuch Von Der Erziehung Und Unterweisung Der Kinder*(Olms, 2012).

12. Norm Lee, *Parenting without Punishing*(2002), e-book.

13. Eric Berne, *What Do You Say after You Say Hello?*(London: Random House, 1975), e-book, hfdst. 2.

14. Wim Duzijn, "De Triomf Van De Kinder-Haters..." *De Volkskrant*, 16 februari 1985.

15. Miller, *Du Sollst Nicht Merken: Variationen Über Das Paradies-Thema*, 23.

16. *Die Revolte Des Körpers*, 114.

17. Wilma A. Boevink, "From Being a Disorder to Dealing with Life: An Experiential Exploration of the Association between Trauma and Psychosis," *Schizophrenia Bulletin* 31, no. 1 (2006): 17.

18. Anne-Laura Van Harmelen, "Childhood Emotional Maltreatment: Impact on Cognition and the Brian" (Universiteit Leiden, 2013), 7.

19. Alice Miller, *Abbruch Der Schweigemauer: Die Wahrheit Der Fakten*(Frankfurt am Main: Suhrkamp Verlag, 2003), 54.

20. *Am Anfang War Erziehung*(Frankfurt am Main: Suhrkamp Verlag, 1983), 128.

21. Martin Miller, *Das Wahre ,Drama Des Begabten Kindes': Die Tragödie Alice Millers*(Freiburg im Breisgau: Kreuz Verlag, 2013), e-book, 12.

22. Martin H. Teicher, "Wounds That Time Won't Heal: The Neurobiology of Child Abuse," *Cerebrum* (2000).

23. Alice Miller, „Gewalt Tötet Die Liebe: Schläge, Das Vierte Gebot Und Die Unterdrückung Authentischer Gefühle," *ONA*, Juni 2005.

24. Ibid.

25. Ibid.

26. Diane Connors, "The Feeling Child," *OMNI Publications International*, maart 1987.

27. Alice Miller, "Alice Miller Defines Child Mistreatment, Child Abuse," http://www.alice-miller.com/flyers_en.php?page=6.

28. Van Harmelen, "Childhood Emotional Maltreatment: Impact on Cognition and the Brian," 7.

29. Carole Anne Davis, *Children Who Kill: Profiles of Pre-Teen and Teenage Killers*(London: Allison & Busby, 2003), Kindle e-book, hfdst. 18: "Born to Run".

30. Eric Hoffer, *The True Believer: Thoughts on the Nature of Mass Movements*(New York: First Perennial Classic, 2010), Kindle e-book, 94.

31. Dorothy Rowe, *The Successful Self*(London: Harper Press, 2007), 157-59.

32. Theo Van der Heijden and Han Rutgers, *Koester Het Kind in Jezelf: Werken Met Kinderen Volgens Alice Miller En Eric Berne*(Utrecht: SWP, 1995), 19.

33. Charles L. Whitfield, "Adverse Childhood Experiences and Trauma," *American Journal of Preventive Medicine* 14, no. 4 (1998): 361.

34. Alice Miller, *Dein Gerettetes Leben*(Frankfurt am Main: Suhrkamp Verlag, 2007), 59.

35. „Interview 1988: L'origine Du Mal Dans L'enfance."

36. *Evas Erwachen: Über Die Auflösung Emotionaler Blindheit*(Frankfurt am Main: Suhrkamp Verlag, 2001), 62-63.

37. Ibid., 98.

38. Miller, *Das Wahre ‚Drama Des Begabten Kindes': Die Tragödie Alice Millers*, 47-64.

39. Doris Wolf, „Der Irrtum," Amazon.de, http://www.amazon.de/review/R1EZWL0KLHRWBI.

40. Miller, *Die Revolte Des Körpers*, 88.

41. Ibid., 90.

42. Ibid., 97-98.

1: Het verdrongen verleden

1. Carl Rogers, *On Becoming a Person: A Therapist's View of Psychotherapy*(Houghton Mifflin, 1989), 23-24.

2. Stichting Skepsis, "Stichting Skepsis Onderzoekt Pseudowetenschap En Het Paranormale."

3. Rob Nanninga, "Terug Naar De Wieg: Experimentele Pseudoherinneringen," *Tijdschift Skepter*2001.

4. Whitfield, "Adverse Childhood Experiences and Trauma," 361.

5. Jean Piaget and Bärbel Inhelder, *The Psychology of the Child: The Definitive Account of the Great Psychologist's Work*(New York: Basic Books, 2000).
6. Webster R. Callaway, *Jean Piaget: A Most Outrageous Deception*(New York: Nova Science Publishers, 2001), e-book, 2.
7. Teicher, "Wounds That Time Won't Heal: The Neurobiology of Child Abuse."
8. Robert F. Anda et al., "The Enduring Effects of Abuse and Related Adverse Experiences in Childhood: A Convergence of Evidence from Neurobiology and Epidemiology," *European Archives of Psychiatry and Clinical Neuroscience* 256(2006): 181.
9. Maxia Dong et al., "The Interrelatedness of Multiple Forms of Childhood Abuse, Neglect, and Household Dysfunction," *Child Abuse & Neglect* 28(2004): 780.
10. Robert F. Anda et al., "Building a Framework for Global Surveillance of the Public Health Implications of Adverse Childhood Experiences," *American Journal of Preventive Medicine* 39, no. 1 (2010): 94.
11. Phaedra S. Corso et al., "Health-Related Quality of Life among Adults Who Experienced Maltreatment During Childhood," *Research and Practice* 98, no. 6 (2008): 1098.
12. Paul Cooijmans, "Early Memories,"(2006).
13. Carole Peterson, Tania Fowler, and Katherine M. Brandeau, "Earliest Memories and Recent Memories of Highly Salient Events – Are They Similar?," *Journal of Cognition and Development* (2014).
14. Qi Wang and Carole Peterson, "Your Earliest Memory May Be Earlier Than You Think: Prospective Studies of Children's Dating of Earliest Childhood Memories," *Developmental Psychology* 50, no. 6 (2014): 1680.

2: Emotionele eerlijkheid

1. Benjamin Disraeli, *Contarini Fleming: An Autobiography*(New York: D. Appleton and Company, 1870), Project Gutenberg e-book, 17.
2. Valerie J. Edwards et al., "It's Ok to Ask About Past Abuse," *American Psychologist* May-June(2007): 327.
3. Anda et al., "Building a Framework for Global Surveillance of the Public Health Implications of Adverse Childhood Experiences," 94.

4. Vincent J. Felitti, "The Relationship of Adverse Childhood Experiences to Adult Health: Turning Gold into Lead," (2002): 2.
5. Ibid.
6. Vincent J. Felitti and Robert F. Anda, "The Relationship of Adverse Childhood Experiences to Adult Health, Well-Being, Social Function, and Healthcare," in *The Impact of Early Life Trauma on Health and Disease: The Hidden Epidemic*, ed. Ruth A. Lanius, Eric Vermetten, and Claire Pain(Cambridge: University Press, 2008), 14.
7. Anda et al., "Building a Framework for Global Surveillance of the Public Health Implications of Adverse Childhood Experiences," 95.
8. Felitti, "The Relationship of Adverse Childhood Experiences to Adult Health: Turning Gold into Lead," 2.
9. Felitti and Anda, "The Relationship of Adverse Childhood Experiences to Adult Health, Well-Being, Social Function, and Healthcare," 14.
10. Read et al., "Child Maltreatment and Psychosis: A Return to a Genuinely Integrated Bio-Psycho-Social Model," 236.
11. Ibid.
12. Anda et al., "The Enduring Effects of Abuse and Related Adverse Experiences in Childhood: A Convergence of Evidence from Neurobiology and Epidemiology," 182.
13. Felitti, "The Relationship of Adverse Childhood Experiences to Adult Health: Turning Gold into Lead," 6.
14. Miller, *Evas Erwachen: Über Die Auflösung Emotionaler Blindheit*, 62.
15. Felitti and Anda, "The Relationship of Adverse Childhood Experiences to Adult Health, Well-Being, Social Function, and Healthcare," 1-2.
16. Robert M. Reece et al., "Children: The Hidden Victims of Domestic Violence," *Health Alert* 8, no. 1 (2001): 7.
17. Steven J. Phillipson, "When the Going Gets Tough... The Perfectionist Takes Control?: Early Recognition of Perfectionism Amongst Adolescents from Ages 12 - 21," OCD Online, http://www.ocdonline. com/#!going-gets-tough/c1sbr.

3: Twee werelden knallen op elkaar

1. Friedrich Wilhelm Nietzsche, *Also Sprach Zarathustra: Ein Buch Für Alle Und Keinen*(Project Gutenberg, 2005), e-book, hfdst. "Von Kind und Ehe".

2. Murray A. Straus and Mallie J. Paschall, "Corporal Punishment by Mothers and Development of Children's Cognitive Ability: A Longitudinal Study of Two Nationally Representative Age Cohorts," *Journal of Aggression, Maltreatment & Trauma* 18(2009): 179.

3. Yuval N. Harari, *Eine Kurze Geschichte Der Menschheit*, trans. Jürgen Neubauer(München: Deutsche Verlags-Anstalt, 2013), 101-25.

4. Ibid., 239.

5. Janet Heimlich, *Breaking Their Will: Shedding Light on Religious Child Maltreatment*(Prometheus Books, 2011), Kindle e-book, hfdst. 6: "An Obsession with Child Obedience".

6. Ibid., hfdst. 1: "What Is Religious Child Maltreatment".

7. Friedrich Wilhelm Nietzsche, *Jenseits Von Gute Und Böse: Vorspiel Einer Philosophie Der Zukunft*(Project Gutenberg, 2005), e-book, hfdst. 5: "Zur Naturgeschichte der Moral", §194.

8. Miller, *Die Revolte Des Körpers*, 31.

9. Ibid., 186.

10. Ibid., 114.

11. „Gewalt Tötet Die Liebe: Schläge, Das Vierte Gebot Und Die Unterdrückung Authentischer Gefühle."

12. *Die Revolte Des Körpers*, 19.

4: De boodschap van geweld

1. Alice Miller, „Aus Dem Gefängnis Der Schuldgefühle," http://www.alice-miller.com/artikel_de.php?nid=39.

2. Straus and Donnelly, *Beating the Devil out of Them: Corporal Punishment in American Families and Its Effects on Children*, 9.

3. Heather A. Turner and David Finkelhor, "Corporal Punishment as a Stressor among Youth," *Journal of Marriage and the Family* 58, no. February (1996): 156.

4. Harriet L. MacMillan et al., "Slapping and Spanking in Childhood and Its Association with Lifetime Prevalence of Psychiatric Disorders in a General Population Sample," *Canadian Medical Association Journal* 161, no. 7 (1999): 805.

5. Turner and Finkelhor, "Corporal Punishment as a Stressor among Youth," 156.

6. Tracie O. Afifi et al., "Physical Punishment and Mental Disorders: Results from a Nationally Representative Us Sample," *Pediatrics* (2012).
7. Leanne Pooley, "Beyond the Edge,"(2014).
8. Ibid.
9. Anthony Hubbard, "Sir Edmund Hillary: Kiwi Legend: 1919-2008," *Sunday Star Times*, 1 january 2009.
10. Freda Briggs and Russel Hawkins, *Child Protection: A Guide for Teachers and Child Care Professionals*(St. Leonards: Allen & Unwin, 1997).
11. Straus and Donnelly, *Beating the Devil out of Them: Corporal Punishment in American Families and Its Effects on Children*, 4-5.
12. Ibid., 13.
13. Ibid., 10-14.
14. Ibid., 81-97.
15. Murray A. Straus, "Is It Time to Ban Corporal Punishment of Children?," *Canadian Medical Association Journal* 161, no. 7 (1999): 822.
16. John E. Valusek, "People Are Not for Hitting and Children Are People Too," *Empathic Parenting* 22, no. 1 (1999).
17. Straus and Donnelly, *Beating the Devil out of Them: Corporal Punishment in American Families and Its Effects on Children*, 5.
18. Maud De Boer-Buquicchio, "Being a Parent Is Not a License to Hurt," *New Europe*, 1 maart 2009.
19. Peggy O'Mara, *Natural Family Living: The Mothering Magazine Guide to Parenting*(Simon and Schuster, 2000), e-book, 198.
20. Melissa K. Runyon and Anthony J. Urquiza, "Child Physical Abuse: Interventions for Parents Who Engage in Coercive Parenting Practices and Their Children," in *The Apsac Handbook on Child Maltreatment*, ed. John E.B. Myers(Los Angeles: SAGE Publications, 2011), 195.
21. Straus and Paschall, "Corporal Punishment by Mothers and Development of Children's Cognitive Ability: A Longitudinal Study of Two Nationally Representative Age Cohorts," 460.
22. Ibid., 460-61.
23. Artikel 1:247 lid 2 van het Burgerlijk Wetboek.
24. Murray A. Straus, "Corporal Punishment and Primary Prevention of Physical Abuse," *Child Abuse & Neglect* 24, no. 9 (2000): 1112.
25. Straus and Donnelly, *Beating the Devil out of Them: Corporal Punishment in American Families and Its Effects on Children*, 22.
26. Graham-Bermann and Howell, "Child Maltreatment in the Context of Intimate Partner Violence," 169.

27. Straus and Paschall, "Corporal Punishment by Mothers and Development of Children's Cognitive Ability: A Longitudinal Study of Two Nationally Representative Age Cohorts," 460.
28. Straus and Donnelly, *Beating the Devil out of Them: Corporal Punishment in American Families and Its Effects on Children*, 3.
29. MacMillan et al., "Slapping and Spanking in Childhood and Its Association with Lifetime Prevalence of Psychiatric Disorders in a General Population Sample," 809.
30. O'Mara, *Natural Family Living: The Mothering Magazine Guide to Parenting*, 189.
31. Straus and Donnelly, *Beating the Devil out of Them: Corporal Punishment in American Families and Its Effects on Children*, 25.
32. Van Harmelen, "Childhood Emotional Maltreatment: Impact on Cognition and the Brian," 8-9.
33. Ibid., 10.
34. Guus Kuijer, *Het Geminachte Kind* (Amsterdam: Arbeiderspers, 1980), 28-30.
35. Erickson and Egeland, "Child Neglect," 112.
36. Ibid.
37. R.K. Oates, *The Spectrum of Child Abuse: Assessment, Treatment, and Prevention* (New York City: Brunner/Mazel Inc., 1996).
38. Van Harmelen, "Childhood Emotional Maltreatment: Impact on Cognition and the Brian," 7.
39. Erickson and Egeland, "Child Neglect," 109.
40. Ibid.
41. Read et al., "Child Maltreatment and Psychosis: A Return to a Genuinely Integrated Bio-Psycho-Social Model," 240.
42. Ibid.
43. Erickson and Egeland, "Child Neglect," 111.
44. Ibid., 104.
45. Van Harmelen, "Childhood Emotional Maltreatment: Impact on Cognition and the Brian."
46. Harvard Health, "In Brief: Names Will Often Hurt You," *Harvard Mental Health Letter*, april 2007.
47. Yvonne M. Vissing et al., "Verbal Aggression by Parents and Psychological Problems of Children," *Child Abuse & Neglect* 15(1991): 224.
48. Natalie Sachs-Ericsson et al., "Parental Verbal Abuse and the Mediating Role of Self-Criticism," *Journal of Affective Disorders* 93(2006).

49. Stuart N. Hart et al., "Psychological Maltreatment," in *The Apsac Handbook on Child Maltreatment*, ed. John E.B. Myers(Los Angeles: SAGE Publications, 2011), 127.
50. Deborah R. Blumenthal, Jennifer Neemann, and Christopher M. Murphy, "Lifetime Exposure to Interparental Physical and Verbal Aggression and Symptom Expression in College Students," *Violence and Victims* 13, no. 2 (1998).
51. Harvard Health, "In Brief: Names Will Often Hurt You."

5: *De pijn van voorwaardelijke liefde*

1. Stephen R. Covey, *The 7 Habits of Highly Effective People: Powerful Lessons in Personal Change*(Simon and Schuster, 2004), 207.
2. Jon Krakauer, *Into the Wild*(Pan Macmillan, 2011), Kindle e-book, 162.
3. "How Chris Mccandless Died," *The New Yorker*, 12 september 2013.
4. *Into the Wild*, 67.
5. Wayne K. Sheldrake, "The Elegant Solution: Omission and Parallel Narrative in the Creative Nonfiction of Jon Krakauer's 'into the Wild'," (2004).
6. Carine McCandless, "A Note from Carine Mccandless," http://www.christophermccandless.info/carinemccandless.html.
7. *The Wild Truth*, 16.
8. Ibid., 140.
9. Ibid., 17.
10. Ibid., 18.
11. Krakauer, *Into the Wild*, 2.
12. Ibid., 162.
13. Ibid., 167.
14. Ibid., 104.
15. McCandless, *The Wild Truth*, 145-46.
16. "A Note from Carine Mccandless".
17. Alice Miller, *Das Verbannte Wissen*, 1 ed.(Frankfurt am Main: Suhrkamp Verlag, 1990), 226.
18. Genesis 22: 1-24.
19. Heimlich, *Breaking Their Will: Shedding Light on Religious Child Maltreatment*, 51.

20. Rogers, *On Becoming a Person: A Therapist's View of Psychotherapy*, 283.
21. Eddie Brummelman et al., "Unconditional Regard Buffers Children's Negative Self-Feelings," *Pediatrics* 134, no. 6 (2014).
22. Elliott Leyton, *Sole Survivor: Children Who Murder Their Families*(London: John Blake Publishing, 2009), e-book, Preface.

6: Het donker op de bodem van de ziel

1. David Henry Thoreau, *Walden; or, Life in the Woods*, ed. Laura Ross(New York: Sterling Publishing Co., 2009), 171.
2. Shanta R. Dube et al., "Childhood Abuse, Household Dysfunction, and the Risk of Attempted Suicide Throughout the Life Span: Findings from the Adverse Childhood Experiences Study," *Journal of the American Medical Association* 286, no. 24 (2001): 3089.
3. Ibid., 3094.
4. Daniel P. Chapman et al., "Adverse Childhood Experiences and the Risk of Depressive Disorders in Adulthood," *Journal of Affective Disorders* 82(2004): 218.
5. Van Harmelen, "Childhood Emotional Maltreatment: Impact on Cognition and the Brian," 11.
6. Felitti, "The Relationship of Adverse Childhood Experiences to Adult Health: Turning Gold into Lead," 6.
7. Dube et al., "Childhood Abuse, Household Dysfunction, and the Risk of Attempted Suicide Throughout the Life Span: Findings from the Adverse Childhood Experiences Study," 3089.
8. Sheldrake, "The Elegant Solution: Omission and Parallel Narrative in the Creative Nonfiction of Jon Krakauer's 'into the Wild'". 37.
9. Berit Grøholt, Hilchen Sommerschild, and Garløv. Ida, *Lærebok I Barnepsykiatri*(Universitetsforlaget, 2008), 348.
10. Dube et al., "Childhood Abuse, Household Dysfunction, and the Risk of Attempted Suicide Throughout the Life Span: Findings from the Adverse Childhood Experiences Study," 3095.
11. Borchgrevink, *A Norwegian Tragedy: Anders Behring Breivik and the Massacre on Utøya.*
12. McCandless, *The Wild Truth.*
13. Miller, *Am Anfang War Erziehung*, 169-228.

14. Anda et al., "Building a Framework for Global Surveillance of the Public Health Implications of Adverse Childhood Experiences," 95.

7: *Hel op aarde*

1. Aldous Huxley, *Brave New World*(New York: HarperPerennial, 1998), 234-35.
2. Davis, *Children Who Kill: Profiles of Pre-Teen and Teenage Killers.*
3. Anne Holt, "Is the Accused Norway Killer One of Us?," *The Wall Street Journal*, 27 juli 2011.
4. Miller, *Das Verbannte Wissen*, 65.
5. Ibid., 64.
6. Peter Langman, "Kip Kinkel's Writings,"(2014).
7. Davis, *Children Who Kill: Profiles of Pre-Teen and Teenage Killers*, hfdst. 10: "Under Pressure".
8. Ibid.
9. Ibid.
10. Jeffrey Hicks, "Kip Kinkel: Psychotherapy Notes from Dr. Jeffrey Hicks."
11. Davis, *Children Who Kill: Profiles of Pre-Teen and Teenage Killers*, hfdst. 10: "Under Pressure".
12. Peter Langman, "Kip Kinkel's Trial: Testimony of Mental Health Professionals,"(1998).
13. Jefferson County Sheriff's Office, "Columbine Documents,"(1999), 26113.
14. Ibid., 26845.
15. Dave Cullen, *Columbine*(London: Old Street Publishing, 2010), Kindle e-book, 351.
16. Oliver Stone, "Natural Born Killers,"(1994).
17. Dave Cullen, "The Depressive and the Psychopath: At Last We Know Why the Columbine Killers Did It," *Slate*, april 2004.
18. Jefferson County Sheriff's Office, "Columbine Documents," 26006.
19. Stone, "Natural Born Killers."
20. Aubrey Immelman, "Eric Harris: Personality Profile," http://faculty.csbsju.edu/uspp/criminal-profiling/Columbine_Eric-Harris-profile.html.

21. C. Shepard, "Basement Tapes: Evidence Item 333, Late March-Early April, 1999," http://www.acolumbinesite.com/quotes2.html#420.
22. Read et al., "Child Maltreatment and Psychosis: A Return to a Genuinely Integrated Bio-Psycho-Social Model," 236-49.
23. Maxia Dong et al., "Childhood Residential Mobility and Multiple Health Risks During Adolescence and Adulthood," *Archives of Pediatrics & Adolescent Medicine* 159(2005): 1104.
24. Ibid.
25. Jefferson County Sheriff's Office, "Columbine Documents," 26773.
26. Ibid., 26820.
27. Ibid., 26653.
28. C. Shepard, "Basement Tapes: Evidence Item 265, March 18-19, 1999," http://www.acolumbinesite.com/quotes1.html.
29. Cullen, *Columbine*, 8.
30. George Krasopoulos et al., "Nuss Procedure Improves the Quality of Life in Young Maleadults with Pectus Excavatum Deformity," *European Journal of Cardio-thoracic Surgery* 29(2006): 5.
31. Cullen, *Columbine*.
32. Jefferson County Sheriff's Office, "Columbine Documents," 26576.
33. Brooks Brown and Rob Merritt, *No Easy Answers: The Truth About Death at Columbine*(New York City: Lantern Books, 2002), Kindle e-book, 51.
34. Jefferson County Sheriff's Office, "Columbine Documents," 26009.
35. Ibid., 26312.
36. Ibid., 25974.
37. Brown and Merritt, *No Easy Answers: The Truth About Death at Columbine*, 121.
38. Jefferson County Sheriff's Office, "Columbine Documents," 26004-05.
39. Ibid., 26258.
40. Ibid., 26006.
41. Ibid., 26008.
42. Shepard, "Basement Tapes: Evidence Item 265, March 18-19, 1999".
43. Dave Cullen, "The Last Columbine Mystery," *The Daily Beast*, 24 februari 2010.
44. *Columbine*, 163.
45. Ibid., 266.
46. Ibid., 112.

47. Ibid.
48. Jefferson County Sheriff's Office, "Columbine Documents," 26574.
49. Ibid., 26016.
50. Cullen, *Columbine*, 208.

8: Gevecht tegen een vals zelfbeeld

1. Ken Kesey, *One Flew over the Cuckoo's Nest*, 50th Anniversary ed.(London: Viking Penguin, 2012), e-book, deel II.
2. Whitfield, "Adverse Childhood Experiences and Trauma," 361.
3. Holt, "Is the Accused Norway Killer One of Us?."
4. Ibid.
5. Katharine Birbalsingh, "Norway Shootings: Anders Breivik's Father Has a Lot to Answer For," *The Telegraph*, 26 juli 2011.
6. Jon Henley, "Anders Behring Breivik Trial: The Father's Story," *The Guardian*, 13 april 2012.
7. Borchgrevink, *A Norwegian Tragedy: Anders Behring Breivik and the Massacre on Utøya*, hfdst. 14: "Hatred".
8. Anders Behring Breivik, "2083: A European Declaration of Independence,"(London2011), 359-63.
9. Borchgrevink, *A Norwegian Tragedy: Anders Behring Breivik and the Massacre on Utøya*, hfdst. 3: "A West End Family".
10. Ibid., hfdst. 14: "Hatred".
11. Ibid., hfdst. 3: "A West End Family".
12. Ibid., hfdst. 14: "Hatred".
13. Straus and Donnelly, *Beating the Devil out of Them: Corporal Punishment in American Families and Its Effects on Children*, 3.
14. Borchgrevink, *A Norwegian Tragedy: Anders Behring Breivik and the Massacre on Utøya*, hfdst. 14: "Hatred".
15. Breivik, "2083: A European Declaration of Independence," 839.
16. Ibid., 653.
17. Ian Robertson, "Did Anders Breivik Train Himself to Become a Sociopath?," *Psychology Today*, 24 augustus 2012.
18. Borchgrevink, *A Norwegian Tragedy: Anders Behring Breivik and the Massacre on Utøya*, hfdst. 3: "A West End Family".

19. Anda et al., "The Enduring Effects of Abuse and Related Adverse Experiences in Childhood: A Convergence of Evidence from Neurobiology and Epidemiology," 174.
20. Phillipson, "When the Going Gets Tough... The Perfectionist Takes Control?: Early Recognition of Perfectionism Amongst Adolescents from Ages 12 - 21".
21. Miller, „Aus Dem Gefängnis Der Schuldgefühle".

9: Lessen voor de samenleving

1. Ben Watson, "Ben Watson Interviews Frank Zappa," *MOJO Magazine*1993.
2. Rosemary Bennett and Kaya Burgess, "True Scale of Child Mental Health Crisis Uncovered: Times Campaign Calls for Revolution in Treatment," *The Times of London*, 12 maart 2015.
3. Whitfield, "Adverse Childhood Experiences and Trauma," 363.
4. Montague Francis Ashley-Montagu, "Spanking the Baby May Be Psychological Seed of War," *The Milwaukee Journal*, 2 januari 1941, 22.
5. Albert Einstein, *Out of My Later Years*(New York: Carole Publishing Group, 1995), 33-35.
6. Laurie A. Couture, "Health Risks to Children Associated with Forced Retention of Bodily Waste: A Statement by Healthcare Professionals," Parents and Teachers Against Violence in Education (PTAVE), http://nospank.net/frbw.htm.
7. Eric Hoffer, "Colleges Aren't for Kids: June 9, 1968," in *The Syndicated News Articles*(Titusville, New Jersey: Hopewell Publications, 2010).
8. C. Everett Koop, "Uniting America to Fight Childhood Injury" (paper presented at the SAFE KIDS Symposium, Washington, D.C., 16 februari 1989).
9. Lee, *Parenting without Punishing*, 5.
10. Miller, *Das Wahre ‚Drama Des Begabten Kindes': Die Tragödie Alice Millers.*
11. Miller, *Abbruch Der Schweigemauer: Die Wahrheit Der Fakten*, 69-91.
12. *Evas Erwachen: Über Die Auflösung Emotionaler Blindheit*, 62.
13. Margaret Thaler Singer, *Cults in Our Midst: The Continuing Fight against Their Hidden Menace*, revised ed.(San Francisco: Jossey-Bass, 2003), e-book, 245.

14. Lloyd deMause, *The Emotional Life of Nations* (New York: Other Press, 2002), 194-96.

15. Hoffer, *The True Believer: Thoughts on the Nature of Mass Movements*, 166.

16. Miller, *Evas Erwachen: Über Die Auflösung Emotionaler Blindheit*, 64.

17. Viktor Frankl, *Der Wille Zum Sinn: Ausgewählte Vorträge Über Logotherapie* (Bern-Stuttgart-Wien: Hans Huber, 2005).

18. Sam Harris, *Free Will* (New York: Simon and Schuster, 2012), 5.

19. Richard Conn Henry, "The Mental Universe," *Nature* 436(2005).

Aanbevolen literatuur

Berne, Eric. *What Do You Say after You Say Hello?* London: Random House, 1975.

Covey, Stephen R. *The 7 Habits of Highly Effective People: Powerful Lessons in Personal Change.* Simon and Schuster, 2004.

Ekleberry, Sharon C. *Integrated Treatment for Co-Occurring Disorders: Personality Disorders and Addiction.* New York City: Taylor & Francis Group, 2009.

Frankl, Viktor. *...trotzdem Ja zum Leben sagen: Ein Psychologe erlebt das Konzentrationslager.* München: Kösel-Verlag, 2013.

Huxley, Aldous. *Brave New World.* New York: HarperPerennial, 1998.

Kesey, Ken. *One Flew Over the Cuckoo's Nest.* 50th Anniversary ed. London: Viking Penguin, 2012.

Kuijer, Guus. *Het geminachte kind.* Amsterdam: Arbeiderspers, 1980.

Leyton, Elliott. *Sole Survivor: Children Who Murder Their Families.* London: John Blake Publishing, 2009.

Masson, Jeffrey Moussaieff. *The Assault on Truth: Freud's Suppression of the Seduction Theory.* Untreed Reads, 2012.

Miller, Alice. *Abbruch der Schweigemauer: Die Wahrheit der Fakten.* Frankfurt am Main: Suhrkamp Verlag, 2003.

—. *Am Anfang war Erziehung.* Frankfurt am Main: Suhrkamp Verlag, 1983.

—. *Das Drama des begabten Kindes und die Suche nach dem wahren Selbst.* Frankfurt am Main: Suhrkamp Verlag, 1983.

—. *Das verbannte Wissen.* 1 ed. Frankfurt am Main: Suhrkamp Verlag, 1990.

—. *Dein gerettetes Leben.* Frankfurt am Main: Suhrkamp Verlag, 2007.

—. *Die Revolte des Körpers.* Frankfurt am Main: Suhrkamp Verlag, 2005.

—. *Du sollst nicht merken: Variationen über das Paradies-Thema.* Frankfurt am Main: Suhrkamp Verlag, 1983.

—. *Evas Erwachen: Über die Auflösung emotionaler Blindheit.* Frankfurt am Main: Suhrkamp Verlag, 2001.

Rogers, Carl. *On Becoming a Person: A Therapist's View of Psychotherapy.* Houghton Mifflin, 1989.

Straus, Murray A., and Denise A. Donnelly. *Beating the Devil out of Them: Corporal Punishment in American Families and Its Effects on Children.* New Brunswick, New Jersey: Transaction Publishers, 2001.

Thoreau, David Henry. *Walden; Or, Life in the Woods.* edited by Laura Ross New York: Sterling Publishing Co., 2009.

Over de auteur

Geboren en getogen in Noord-Brabant voltooide de auteur een M. Sc. bedrijfswetenschappen aan Wageningen Universiteit. Hij reisde door heel Europa, en delen van China en Amerika, en woonde en werkte enkele jaren in Amsterdam, München en New York City. Hij publiceerde enkele werken in de genres der metafysica en psychoanalyse. Het centrale thema in zijn schrijven is de vraag: "Wat betekent het om een mens te zijn?"

Van dezelfde auteur

Return to Freedom: A Traveler's Thoughts on Life, Love and the Fate of the World (2015)

A Teenage Philosophy of Awareness and Existence: Analysis of the Columine Shooters' Worldview (2014)